W0368463

Küchentipps
& Pannenhilfen

Küchentipps & Pannenhilfen

Mit den wichtigsten Küchentechniken
Verblüffende Zusatzinfos für Küche und Haushalt

Autorin: Michaela Schremmer

Inhaltsverzeichnis

Küchenhelfer – Geräte, die man wirklich braucht

Das Tückische an den wichtigsten Küchenhelfern ist, dass sie nicht wie selbstverständlich in der Küche vorhanden sind. Den Dosenöffner vermisst man erst, wenn man die Dose Ravioli fürs Abendessen erwärmen will. Oder man findet kein Sieb, um die Nudeln abzugießen etc. Deswegen gleich mal nachschauen, was noch fehlt!

1. Ein gutes **Messer** ist ein Muss. Perfekt: mindestens drei verschiedene Messer. Ein Brotmesser mit Wellenschliff für Brot sowie druckempfindliches Obst und Gemüse. Ein Schäl- oder Gemüsemesser zum Schälen, Säubern und Schneiden. Ein Kochmesser zum Schneiden, Hacken und Wiegen. Auf gute Qualität achten!

2. Ein bis zwei **Schneidebretter** aus Kunststoff oder aus Holz. Neu am Markt sind beidseitig verwendbare und rutschfeste Bretter aus Spezialkunststoff.

3. Hochwertige **Gewürzmühlen** mit Keramikmahlwerk mahlen perfekt getrocknete Kräuter und Gewürze. Auf ein oben angebrachtes Mahlwerk achten – so vermeidet man lästige Gewürzkrümel.

4. Ein **Messbecher** aus Glas, Porzellan oder Edelstahl mit Griff. Praktisch, wenn er eine zusätzliche Skalierung für Zucker, Mehl etc. besitzt.

5. Ein **Dosenöffner**, der sicher schneidet und die Kanten der Dose rundet.

6. Ein bis zwei **Siebe**: ein engmaschiges zum Abgießen von Reis, zum Abtropfen von Konserven, zum Bestäuben mit Puderzucker etc. Außerdem ein Standsieb mit größeren Löchern, am besten aus Edelstahl, z. B. zum Waschen von Obst und Gemüse.

7. Wender aus Edelstahl sind ideal für unbeschichtete Pfannen. Wender mit Vorderteil aus Spezialkunststoff zerkratzen weder Pfannen- noch Topfböden.

8. Reiben zum Hobeln, Raspeln und Reiben von Möhren, Gurken, Parmesan, Zitronenschale und anderen Lebensmitteln. Zusätzlich empfehlenswert ist eine Muskatreibe – denn das Aroma dieses Gewürzes haftet ewig auf der Reibe! Besonders robust aus rostfreiem Edelstahl.

9. Eine **Saftpresse** für Orangen, Zitronen und Limetten. Wegen großer Qualitätsunterschiede unbedingt beraten lassen!

10. Joker – diese »Helferchen« sind nicht unabdingbar, erleichtern die Hausarbeit aber enorm: Backpinsel, Haushaltswaage, Holzlöffel, Knoblauchpresse, Korkenzieher, Pürierstab, Salatschleuder, Schneebesen, Siebkelle, Sparschäler, Suppenkelle.

Silit

Worin gelingt welches Gericht? Basisausstattung für Küchen sind drei bis vier Töpfe mit Deckeln und wärmeisolierten Griffen: Ein großer, der mindestens 5 Liter fasst, zum Garen von Nudeln, Klößen, Kartoffeln etc. Kleinere Töpfe z. B. für Milch, Saucen, zum Eierkochen und vieles mehr. Plus zwei Pfannen – eine beschichtete und eine nicht beschichtete.

1. Töpfe aus Edelstahl mit Aluminium oder Kupfer verstärktem Boden haben eine nahezu unbegrenzte Lebensdauer, sind stoß-, schlag- und säurefest. Ein empfehlenswertes Basiskochgeschirr.

2. Töpfe aus High-Tech-Materialien – e30 oder Silargan – sind schneid- und kratzfest, äußerst pflegeleicht und nickelfrei. Der extra starke Stahlkern sorgt für eine hervorragende Wärmeleitung.

3. Kochtöpfe und Pfannen mit Antihaftbeschichtung sind für fettarme Garmethoden beliebt. Nachteil: Die Beschichtung kann bei unsachgemäßer Behandlung kaputt gehen. Qualitätsprodukte kaufen und unbedingt die Gebrauchsanweisung beachten! Gut geeignet für Eier-, Fisch- und Gemüsegerichte.

4. Eine **unbeschichtete Pfanne**, z. B. aus e30, Silargan oder Edelstahl, ist für alle Fleisch-Fans unabdingbar – nur darin gelingen Steaks und andere Stücke zum Kurzbraten perfekt.

5. Der **Schmortopf**, auch Bräter genannt, dient zum Braten und Schmoren auf dem Herd oder im Ofen. Besonders geeignet für große Braten, Wild und Geflügel. Dunkle Bratflächen sind wichtig für ein optimales Bratergebnis.

6. Im dicht schließenden **Schnellkochtopf** (Sicomatic) garen die Speisen unter leichtem Überdruck schnell und Nährstoff schonend. Im Vergleich zum herkömmlichen Topf verkürzen sich die Garzeiten teilweise um zwei Drittel.

7. Spezialtöpfe wie der **Dünster** sind Klassiker für bequemes, Nährstoff schonendes, fettarmes und aromatisches Garen von Fisch, Fleisch und Gemüse. Im **Pastatopf** mit Spezialeinsatz können die Nudeln nicht am Topfboden ankleben. Auch das Abgießen entfällt: Den Einsatz am Ende der Garzeit einfach aus dem Wasser heben und die Teigwaren direkt darin abtropfen lassen.

8. Der **Wok** ist eine gewölbte Pfanne aus Silargan, Aluguss oder Gusseisen zum Kurzbraten, Schmoren und Dämpfen. Darin garen die klein geschnittenen Zutaten bei sehr hoher Hitze mit kurzen Garzeiten. Bei der Anschaffung auf sehr gute Qualität achten! Seine Vielseitgkeit erhöht sich mit einem passenden Deckel.

Silit

Silit

Silit

Silit

Blanchieren = Vorgaren roher Lebensmittel durch kurzes Garen – maximal 1 Minute – in siedendem Wasser oder in Wasserdampf. Vorzugsweise zartes Gemüse, Gemüse oder Früchte, die anschließend gratiniert, frittiert, glasiert oder tiefgefroren werden.

Druckgaren = Garen in Wasserdampf oder Flüssigkeit im Schnellkochtopf bei leichtem Überdruck. Verkürzte Garzeiten. Geeignet für Kartoffeln, Gemüse, Hülsenfrüchte, Fleisch, Geflügel, Reis und andere Getreidesorten.

Frittieren = Schwimmend in Fett garen bzw. ausbacken im Topf oder – optimal – in einer Fritteuse. Das Fett ist heiß genug (160–180°), wenn sich an einem hinein gehaltenen Holzlöffel kleine Bläschen bilden. Vorzugsweise portioniertes Gemüse, Fleisch, Fisch oder Geflügel, Pommes frites, Obst oder Gebäck.

Braten = Garen unter Bräunung mit und ohne Fett in Pfanne, Bräter oder im Backofen.

Dünsten = Garziehen im geschlossenen Topf oder in Alufolie im Backofen im eigenen Saft, eventuell unter Zugabe von wenig Flüssigkeit oder Fett. Vorzugsweise Kartoffeln, Gemüse, Pilze, Fleisch mit kurzer Garzeit, Fisch, Reis und Obst.

Dämpfen = Nährstoff schonendes Garen in Wasserdampf in einem Topf mit Siebeinsatz. Liegt das Gargut in wenig Flüssigkeit, spricht man von Dünsten. Vorzugsweise Kartoffeln, Gemüse, Fisch und Obst.

Einkochen, Reduzieren = Flüssigkeiten oder Pürees bei mittlerer Hitze unter Rühren einkochen lassen, bis sie durch Verdampfen von Flüssigkeit dicklicher sind.

Garen in Folie = Dünsten im eigenen Saft in Alufolie oder Bratschlauch im Backofen. Vorzugsweise Fleisch, Geflügel, ganzen Fisch, Gemüse.

Gratinieren = Überbacken von gegarten Speisen – mit geriebenem Käse, Eiern, Sahne, Béchamel- oder Käsesauce oder Butterflöckchen – im Backofen bei starker Oberhitze oder unter dem Grill, um diesen eine appetitliche Kruste zu verleihen. Vorzugsweise Aufläufe von Fisch, Fleisch, Gemüse oder Kartoffeln.

Grillen = Garen unter Bräunung auf dem Rost, am Spieß oder im Grillgeschirr unter dem Elektrogrill von Backofen oder Mikrowelle. Vorzugsweise Fleisch, Fisch, Geflügel; Kartoffeln oder Gemüse in Alufolie.

Kochen = Garen in reichlich kochender Flüssigkeit bei gleichmäßiger Hitzezufuhr im geschlossenen oder offenen Topf. Vorzugsweise Kartoffeln, Hülsenfrüchte (in kaltem Wasser aufsetzen), Nudeln, Knochen, Kochfleisch, Geflügel, Eier.

Kurzbraten = Auch als Sautieren oder – im Wok – Pfannenrühren bezeichnet. Kurzzeitiges Braten in heißem Fett ohne Flüssigkeitszufuhr in Pfanne oder Wok. Vor allem klein geschnittenes Gemüse, portioniertes Fleisch und Geflügel, Eierspeisen.

Pochieren = Garziehen in reichlich Flüssigkeit bei Temperaturen unterhalb des Siedepunktes – maximal 80° – im offenen Topf. Beispielsweise Klöße, Fisch, Verlorene Eier, Würstchen.

Quellen = Garen in abgemessener Flüssigkeit bei Temperaturen unterhalb des Siedepunktes im geschlossenen Topf. Primär Reis, Getreide und Getreideprodukte.

Schmoren = Eine Kombination aus Braten und Dünsten. Das Gargut wird im Schmortopf bei hoher Temperatur rundum in heißem Fett angebraten, dann nach Flüssigkeitszugabe bei mittlerer Hitze und geschlossenem Deckel gegart. Vorzugsweise Fleisch, gefülltes Gemüse, Kohlgerichte.

Die Wahl des richtigen Kühlfachs kann bedeutenden Einfluss auf die Frische der Lebensmittel haben. Faustregel: Lebensmittel werden auf der unteren Glasablage und im Bereich der Rückwand am stärksten gekühlt, da kalte Luft schwerer ist und nach unten sinkt. Vergleichsweise milde Kühltemperaturen herrschen dagegen in den Türinnenfächern sowie im Gemüsefach und auf dem oberen Ablagefach.

So macht das Füllen des Kühlschrankes Sinn:

Innenseiten der Türen = Butter, Käse, Eier, Dosen und Tuben mit z. B. Würzpasten, Senf, Mayonnaise u. ä. sowie Getränke.

Oberes Kühlfach = Kuchen und Torte, Marmelade, Frischkäse, Weichkäse, Käse zum Gratinieren. Butter, Dosen und Tuben, sofern diese nicht in der Tür lagern.

Mittleres oder unteres Kühlfach = Milchprodukte, z. B. Buttermilch, Joghurt, Crème fraîche, Quark sowie gegarte Speisen.

Unteres Kühlfach, Glasablage = Fleisch, Fisch, Geflügel und andere leicht verderbliche Lebensmittel.

Gemüsefach = Kältebeständiges Gemüse, Salat, Obst bei Temperaturen unter 5°.

Das gehört nicht in den Kühlschrank:

Südfrüchte und exotische **Früchte**, z. B. Ananas, Avocado, Bananen, Granatäpfel, Guaven, Mango, Papaya, Zitrusfrüchte.

Stark **wasserhaltige Gemüse- und Salatsorten** wie Tomaten, frische Gurken, Blattsalate, Kürbisse, Wassermelonen. Öl.

Kälteempfindliche Obst- und Gemüsesorten am besten bei Temperaturen zwischen 5° und 14° lagern. Neuere Kühlmodelle sind mit speziell temperierten Kühlzonen ausgestattet.

In **ungegartem Zustand** tragen auch Kartoffeln, Bohnen, Paprika, Zucchini und Auberginen Kälteschäden davon, wenn sie im Kühlschrank aufbewahrt werden.

Generelle Tipps:

Alle Lebensmittel sollten in geeigneten Verpackungen z. B. **Behältern** aus Glas, Porzellan oder Kunststoff oder unter Frischhaltefolie aufbewahrt werden.

Warme Speisen erst komplett **auskühlen** lassen, bevor sie gut verpackt bzw. abgedeckt in den Kühlschrank kommen.

Den Kühlschrank nicht zu voll packen, denn die **Kühlleistung** ist am größten, wenn die Luft zwischen den Speisen ausreichend zirkulieren kann.

Das Kühlgut sollte nicht direkt mit der sehr kalten **Rückwand** in Berührung kommen, es könnte daran festfrieren oder den Tauwasserablauf behindern und nass werden.

AEG

Viele Köche verderben den Brei

»Pi mal Daumen« – Mengenangaben pro Portion

Woher wir wissen wollen, wie viel Sie, Ihre Familie oder Gäste pro Mahlzeit vertilgen? Wir bekennen, dass wir das natürlich nicht aufs Gramm genau voraussagen können. Je nach persönlichen Vorlieben und akutem Appetit können die Richtwerte in Ausnahmefällen erheblich daneben liegen. Doch die unten aufgeführten Werte haben sich in der Praxis bewährt und liefern im Mittel eine zuverlässige Kalkulationsbasis – z. B. um Einkaufs- und Zubereitungsmengen zu planen.

Alle Mengenangaben beziehen sich auf 1 Person – unterteilt in normaler/hungriger Esser; Angaben in Gramm (g) Rohgewicht, wenn nicht anders angegeben.

Suppe und Salat

Klare Suppe	
– als Vorspeise	250 ml/250 ml
– als Hauptgericht	400 ml/500 ml
Gebundene Suppe	
– als Vorspeise	125 ml/150 ml
– als Hauptgericht	300 ml/400 ml
Blattsalat	50/80

Fleisch und Fisch

Fleisch	
– mit Knochen	200/250
– ohne Knochen	150/200
Hackfleisch	125/150
Geflügel mit Knochen	250/400
Hühnchenbrustfilets	150/200
Fisch	
– mit Gräten	250/300
– ohne Gräten	150/250

Gemüse und Kartoffeln

Gemüse	
– als Beilage, geputzt	150/200
– als Hauptgericht	300/350
Kartoffeln	
– als Beilage	150/200
– als Hauptgericht	250/300

Teigwaren, Reis und Hülsenfrüchte

Teigwaren	
– als Beilage	60/80
– als Hauptgericht	75/100
– als Suppeneinlage	25/30
Reis	
– als Beilage	60/85
– als Hauptgericht	75/100
Hülsenfrüchte	
– als Hauptgericht	80/100
– (Konserve) als Beilage	200/250

Agar-Agar

... ist ein Pulver aus gekochten Meeresalgen, das eine sechsmal stärkere Gelierkraft als Gelatine besitzt.

... immer genau nach Packungsanweisung verwenden.

... in kalter Flüssigkeit anrühren und anschließend unter ständigem Rühren kochen lassen, bis sich das Pulver gelöst hat.

... bindet je nach Flüssigkeit unterschiedlich. Daher immer eine Gelierprobe machen: 1/2 TL der eingedickten Flüssigkeit auf einen kalten Teller geben. Ist sie nach 2–3 Minuten zu fest, etwas mehr Flüssigkeit einrühren. Ist sie zu flüssig, erneut die Hälfte bis ein Drittel der ursprünglichen Agar-Agar-Menge mit etwas abgekühltem Saft verrühren, in die bereits aufgekochte Flüssigkeit einrühren, erneut aufkochen und erkalten lassen.

Apfelsinen

... lassen sich leichter schälen, wenn man sie zuvor kurz in warmes Wasser oder auf die Heizung legt. Ebenfalls hilfreich ist es, sie auf einer Tischplatte etwas hin und her zu rollen.

▶ Sauce S. 47, Orangeat S. 78, Orangenfilet S. 99

Aufläufe

... setzen nicht in der Form an, wenn man diese zuvor erwärmt und erst dann mit den Zutaten füllt.

... kann man frühzeitig vorbereiten: Mit Ausnahme der Sauce alle Zutaten in die Form füllen, und den Auflauf bis zur Zubereitung kalt stellen. Die Sauce erst unmittelbar vor dem Garen über den Auflauf gießen.

... bekommen eine herrlich krosse Kruste, wenn man Paniermehl mit wenig flüssiger Butter oder geriebenem Käse zu Krümeln verknetet und darüber streut.

Besonders clever!

Apfelsinenschalen *kann man nach Reinigen des Backofens kurz auf dem Rost erhitzen, um den penetranten Geruch des Backofenreinigers beim nachfolgenden Backprozess zu vermeiden.*

... werden deutlich fettärmer, wenn man bei der Zubereitung der Sauce Milch statt Sahne verwendet.

Nudel- und Reisaufläufe sollte man immer mit Deckel garen, da Zutaten der obersten Schicht sonst zu stark austrocknen.

▶ Käsekruste S. 29, Mozzarella S. 37, Nudeln S. 38, Parmesankäse S. 40, Reibekäse S. 43, Backformen S. 59, Gemüsereste S. 110

Backobst

... vor der Verarbeitung in lauwarmem Wasser einweichen.

... wird weicher, wenn man es erst nach dem Garen süßt.

Blumenkohl

... sollte man vor dem Garen etwa 30 Minuten in Salzwasser legen, um eventuell vorhandene Raupen zu entfernen.

... bleibt schön weiß, wenn man das Kochwasser zur Hälfte durch Milch ersetzt und das Salz erst nach dem Garen zugibt.

... entwickelt beim Kochen weniger Geruch, wenn man 1 rohe Kartoffel ins Kochwasser gibt.

... wird besonders aromatisch, wenn man ihn nach dem Garen mit geriebenem Parmesan und fein gehackter Petersilie bestreut.

Besonders clever!

Kühlschrankgeruch *kann man erfolgreich und umweltfreundlich vermeiden, wenn man 1/2 Apfel offen darin lagert. Diesen wöchentlich austauschen.*

Braten

... wird schön zart, wenn man ihn vor dem Garen mit Kiwi oder frischer Ananas einreibt.

... der nicht durch ist, kann man in dünne Scheiben schneiden und etwa 15 Minuten in der leise köchelnden Sauce fertig garen.

... erhält er eine appetitlich braune Kruste, wenn man ihn vor dem Garen mit einer Mischung aus Senf und Parmesan, Paniermehl oder gemahlenen Nüssen bestreicht.

... löscht man immer mit kochendem Wasser oder heißem Wein ab. Bei Verwendung kalter Flüssigkeiten wird das Fleisch hart.

... bekommt eine schöne, krosse Kruste, wenn man ihn 10 Minuten vor Ende der Garzeit mit etwas Zucker bestreut und dann fertig gart.

... bekommt eine schöne, krosse Kruste, wenn man etwa 20 Minuten vor Ende der Garzeit den Grill zuschaltet und die Backofenhitze etwas erhöht.

... sollte vor dem Anschneiden einige Minuten ruhen, damit sich der Fleischsaft besser verteilt. Besonders aromatisch wird der Braten, wenn er während dieser Zeit in der Sauce liegt.

▶ Fleisch S. 24, Gewürze S. 27, Kasseler Braten S. 32, Sauce S. 47, Schmorbraten S. 49, Bratenreste S. 108

Bratensauce

... erhält einen kräftigen, dunklen Farbton, wird herzhafter und sämiger, wenn man 1 Scheibe Pumpernickel hineinbröckelt und gut verrührt oder die Sauce püriert.

... und Gemüsesaucen erhalten ein mildsäuerliches und herzhafteres Aroma, wenn man sie mit Kräuter-Frischkäse statt mit Sahne, Crème fraîche oder saurer Sahne verfeinert.

Dunkle Saucen erhalten eine besonders aromatische Note, wenn man sie mit 1 Prise Kakao verfeinert.

▶ Butter S. 20, Geschnetzeltes Fleisch S. 27, Gewürze S. 27, Knoblauch S. 33, Rouladen S. 46, Saucen S. 47, Saure Sahne S. 48, Schmorbraten S. 49, Bratenreste S. 108, Käse S. 111, Kräuter S. 113, Mehlschwitze S. 121

Besonders clever!

***Paprikakerne** verleihen Bratensaucen ein raffiniertes Aroma: Kerne trocknen, in der Pfeffermühle mahlen und mit der Sauce garen. Kerne von Chilischoten ersetzen beim Würzen Cayennepfeffer oder Tabasco.*

Brathähnchen

... erhält ein delikates Aroma, wenn man es vor dem Braten mit etwas Weinbrand einreibt oder kurz vor dem Servieren mit Salzwasser oder Bier bepinselt.

... gart man im Backofen bei höchstens 175°. Ist der Backofen heißer, wird die Haut zwar knuspriger, aber das Fleisch trocknet aus und wird zäh.

... erhält eine krosse Kruste, wenn man etwa 5 Minuten vor Ende der Garzeit den Grill zuschaltet.

▶ Geflügel S. 26, Gewürze S. 27, Kräuter S. 34, Beizen S. 121

Besonders clever!

Verkalkte Duschköpfe *werden wieder frei, wenn man sie über Nacht in eine Schüssel legt, die zu gleichen Teilen mit Wasser und Haushaltsessig gefüllt ist.*

Bratkartoffeln

... werden schön knusprig, wenn man die Kartoffelscheiben vor dem Braten gut mit Küchenkrepp trockentupft und mit etwas Mehl bestäubt.

... die in der Pfanne angesetzt sind, lassen sich mit einem Pfannenwender problemlos lösen: Die Pfanne etwa 1 Minute vom Herd nehmen und auf eine sehr kalte Unterlage stellen. Aufgrund des Temperaturunterschieds lockern sich die Kartoffelscheiben vom Boden.

▶ Pellkartoffeln S. 40, Klöße S. 112

Bratwurst

... wird knuspriger, wenn man sie vor dem Braten mit ein wenig Zucker bestreut. Die Wurst nimmt den süßen Geschmack nicht an.

... platzt beim Braten nicht, wenn man sie zuvor mit kochendem Wasser überbrüht und trockentupft.

... erhält ein pikantes Aroma, wenn man sie in eine Grillpfanne gibt, mit getrockneten Kräutern (Salbei, Rosmarin oder Oregano) bestreut und gart.

▶ Fettspritzer S. 23, Frittierfett S. 25, Kurzgebratenes S. 35

Brokkoli

... wird zäh, wenn man ihn in Fett andünstet.

... behält seine Farbe, wenn man einen Schuss Essig ins Kochwasser gibt.

Brühe

... erhält ein würzigeres Aroma, wenn man 1 kleine, rote Chilischote mitkocht. Abschließend mit Zitronensaft abschmecken.

... bleibt klar und schmeckt würziger, wenn man etwas Hartkäse darin zerlässt.

... die versalzen ist, kann man retten: Zucker und Apfelessig zu gleichen Teilen mischen und diese Mischung portionsweise in die Brühe geben, bis der salzige Geschmack verschwunden ist. Diesen Trick kann man auch bei Suppen und Saucen anwenden.

▶ Fleischbrühe S. 24

Besonders clever!

***Butter**, mit der man dünn den Ausgießer eines Milchkännchens fettet, verhindert, dass Flüssigkeit herunter tropft und Milchflecken und -ränder hinterlässt.*

Butter

... verleiht Saucen, Suppen und Gemüsegerichten einen besonders delikaten Geschmack. Es genügt, dem fertig gegarten Gericht 1 TL Butter zuzufügen.

... wird beim Braten nicht so schnell braun und spritzt nicht, wenn man einige Tropfen Speiseöl hinzufügt.

▶ Kartoffelpüree S. 31, Kräuter S. 35, Sauce S. 47, Butter S. 65, Zutatenmaße S. 104, Kräuter S. 113, Legieren S. 121

Cannelloni

... kann man einfach, schnell und sauber füllen, wenn man die Füllmasse in einen Spritzbeutel gibt.

Cayennepfeffer

... am besten immer erst nach dem Garen an die Speisen geben, da er ihnen sonst ein bitteres Aroma verleiht.

Champignons

... mögen wie alle Pilze kein Wasser. Man kann die Köpfe mit einem feuchten Tuch oder mit einem Pinsel putzen.

... bleiben beim Braten oder Dünsten schneeweiß, wenn man sie nach dem Putzen mit etwas Zitronensaft beträufelt.

... kann man am nächsten Tag noch einmal aufwärmen, wenn das Pilzgericht am Tag der Zubereitung schnell abgekühlt wird, zugedeckt im Kühlschrank aufbewahrt und am nächsten Tag auf mindestens 70° erhitzt wird. Länger als 2 Tage sollte man Pilzgerichte nicht aufbewahren.

Chicorée

... besitzt im Kern wesentlich mehr Bitterstoffe als in den äußeren Blättern. Um ihm das bittere Aroma zu nehmen, den Kern vor der Zubereitung mit einem scharfen Messer keilförmig vom Wurzelende herausschneiden.

Chilischoten

... können aufgrund ihrer ätherischen Öle Haut und Schleimhäute höllisch reizen. Beim Putzen und Schneiden der Schoten am besten Haushaltshandschuhe tragen bzw. die Hände anschließend gründlich und mehrfach waschen.

... verleihen Gerichten ein besonders scharfes Aroma, wenn man die Trennwände nicht entfernt.

... immer sehr vorsichtig dosieren, denn die Schärfe breitet sich nur langsam aus.

Getrocknete Chilischoten entfalten ihr Aroma besonders gut, wenn man sie in einer beschichteten Pfanne kurz anbrät, dann 10 Minuten in heißem Wasser einweicht und schließlich weiterverarbeitet, wie im Rezept beschrieben.

▶ Brühe S. 20, Hühnersuppe S. 29

Currysauce

... erhält ein exotisches Aroma, wenn man sie mit 1 pürierten Banane bindet und in Wasser gequollene Rosinen unterrührt.

Eier

... die bereits gesprungen sind, platzen beim Kochen nicht, wenn man sie zuvor fest in Alufolie einwickelt.

Besonders clever!

Bananenschalen *eignen sich hervorragend zur Lederpflege: Wenn man das Leder mit dem Inneren der Bananenschale gründlich abreibt, wird es schön glatt und glänzend.*

Besonders clever!

***Eier** und Kartoffeln geben so viele Mineralstoffe ins Kochwasser ab, dass man dieses nach dem Auskühlen prima als Powerdrink für Pflanzen einsetzen kann.*

... platzen beim Kochen nicht, wenn man sie in einem Topf knapp mit kaltem Wasser bedeckt und erst dann erhitzt.

... kann man schnell auf ihre Frische testen: Ein Ei auf einen Teller aufschlagen. Bei einem frischen Ei steht das Eiweiß fest um das Eigelb. Wenn das Eiweiß am äußeren Rand zerfließt, ist es ungefähr 7 Tage alt. Wenn das gesamte Eiweiß ums Eigelb zerläuft, ist das Ei etwa 3 Wochen alt.

... die im Karton festkleben, lassen sich wieder lösen, wenn man den Karton einige Minuten in Wasser einweicht.

... lassen sich leichter pellen, wenn man sie nach dem Kochen etwa 30 Sekunden in eine Schüssel mit kaltem Wasser legt.

Die Kochzeit wird gestoppt, sobald kleine Bläschen aufsteigen. Ein weiches Ei muss etwa 5 Minuten, ein wachsweiches Ei 8 Minuten und ein hart gekochtes Ei 10 Minuten kochen.

▶ Verlorene Eier S. 54, Eier S. 65, Eigelb S. 66, Eischnee S. 66, Eier S. 109, Eigelbreste S. 109, Eiweißreste S. 109, Legieren S. 121

Eierpfannkuchen

... schmecken besonders gut, wenn man sie anstelle von Milch mit der gleichen Menge Kakaogetränk zubereitet.

... werden schön knusprig, wenn man in den Teig zerriebenen Zwieback gibt. Der Zwieback verfeinert auch den Geschmack.

▶ Kartoffelpuffer S. 31, Pfannkuchenreste S. 115

Eierstich

... gelingt perfekt, wenn man das verquirlte, gewürzte Ei zum Stocken in einen Gefrierbeutel gibt und diesen etwa 10 Minuten in kochendes Wasser legt.

Eiswürfel

... werden glasklar und bekommen keine Bläschen, wenn man zum Einfrieren abgekochtes Wasser benutzt.

... sehen in Longdrinks besonders hübsch aus, wenn man im Kern jeweils 1 Beere oder Kirsche einfriert.

Fettspritzer

... kann man vermeiden, wenn man die Pfanne vor dem Braten mit etwas Salz ausreibt.

▶ Butter S. 20, Pommes frites S. 41

Fisch

... lässt sich wesentlich leichter schuppen, wenn man ihn zuvor für kurze Zeit in Essigwasser legt.

... wird in der Regel nach der 3-S-Regel zubereitet: Unter fließend kaltem Wasser **säubern**, trockentupfen. Dann mit wenig Zitronensaft **säuern**, etwa 20 Minuten ziehen lassen und **salzen**.

... verträgt bei der Zubereitung keine zu starke Hitze.

... zerfällt beim Wenden in der Pfanne nicht und wird knuspriger, wenn man etwas Zitronensaft oder Salz ins Bratfett gibt.

... wird nicht trocken, wenn man ihn während des Grillens gelegentlich mit gewürztem Öl bepinselt.

Ganze Fische innen und außen mit Salz einreiben. Fischfilets erst nach der Zubereitung salzen, damit sie nicht austrocknen. Bei paniertem Fisch das Salz unter die Panade mischen.

Fischfilets haben eine Garzeit von etwa 10 Minuten. Größere Stücke oder kleinere Fische, die im Ganzen zubereitet werden, garen etwa 15–20 Minuten. Große Fische hingegen müssen etwa 30 Minuten garen.

Für ganze Fische gibt es eine einfache Garprobe: Der Fisch ist gar, wenn sich die Rückenflosse leicht herausziehen lässt.

▶ Forellen S. 24, Kräuter S. 34, Matjesfilets S. 36, Räucherfisch S. 43, Filetieren S. 121, Spicken S. 121, Tranchieren S. 121

Besonders clever!

***Fischgeruch** verfliegt ganz schnell, wenn man während des Bratens ein Duftlämpchen mit einigen Tropfen Lavendelöl anzündet. In der **Pfanne** bleibt der Fischgeruch nicht haften, wenn man die Pfanne nach dem Braten mit einer frischen Zitronenscheibe ausreibt.*

Besonders clever!

Angebranntes Fleisch *kann man retten, indem man die verbrannten Stellen großzügig abschneidet und das Fleisch in einem neuen Topf mit frischem Fett weiterbrät.*

Fleisch

... wird wunderbar zart, wenn man es in rohem Zustand etwa 3 Stunden vor dem Garen mit dünnen Streifen frischer Papaya, Kiwi oder Ananas belegt. Das Obst vor dem Garen entfernen.

... ist gut durchgegart, wenn es sich mit einem Löffel kaum eindrücken lässt. Bildet sich an der Druckstelle vorübergehend eine Delle, ist das Fleisch medium. Bleibt die Delle bestehen, ist es noch fast roh.

▶ Braten S. 17, Geschnetzeltes Fleisch S. 27, Gewürze S. 27, Kochfleisch S. 33, Koteletts S. 34, Kräuter S. 34, Kurzgebratenes S. 35, Panieren S. 39, Rindfleisch S. 45, Rouladen S. 46, Schnitzel S. 49, Schweinefleisch S. 50, Suppenfleisch S. 52, Schmorfleisch S. 117, Beizen S. 121, Filetieren S. 121, Glasieren S. 121, Marinieren S. 121, Parieren S. 121, Spicken S. 121, Tranchieren S. 121

Fleischbrühe

... erhält eine schöne dunkelbraune Farbe, wenn man die Knochen vor dem Auskochen kräftig anbrät.

... kann man klären, indem man sie vor dem Servieren ganz langsam durch eine Filtertüte aus Papier gießt.

... bleibt klar, wenn man 1 große, geschälte Zwiebel mitköchelt.

▶ Brühe S. 20

Forellen

... werden beim Braten besonders knusprig, wenn man die Haut im Abstand von etwa 3–4 cm einschneidet und sie hauchdünn mit etwas Mehl bestäubt.

▶ Fisch S. 23

Frikadellen

... können mit Speisequark oder 1 rohen, geriebenen Kartoffel statt mit Ei gebunden werden: 1 Ei durch 2 EL Magerquark ersetzen.

Besonders clever!

*Verdünnter **Zitronensaft** macht Holzbrettchen wieder schön sauber. Die Brettchen einfach über Nacht in die Flüssigkeit legen.*

... können mit in Milch eingeweichten Cornflakes statt mit altbackenen Brötchen gebunden werden. Tipp: Zusätzlich abgetropfte Maiskörner aus der Dose untermischen.

... schmecken frisch und würzig, wenn man abgeriebene Zitronenschale unter die Hackfleischmasse mischt.

... schmecken würziger, wenn man sie mit einigen Knoblauchstiften spickt und anschließend schön knusprig anbrät.

... schmecken besonders würzig, wenn man fein gehacktes Porree- oder Zwiebelgrün unter die Hackfleischmasse mischt.

... schmecken besonders gut, wenn man ausgelassene Speck- und Zwiebelwürfel unter die Hackfleischmasse mischt.

... schmecken sehr herzhaft, wenn man 1 Ei und 1 Tüte französischer Zwiebelsuppe unter 500 g Hackfleischmasse mischt.

... nur in sehr wenig Fett anbraten. Aus den Frikadellen tritt zusätzlich viel Fett aus.

... bleiben saftig und garen knusprig, wenn man sie vor dem Braten in Semmelbröseln oder Paniermehl wendet.

... sind um einiges fettärmer, wenn man sie nicht in der Pfanne, sondern auf einem mit Backpapier belegten Blech bei 220° etwa 15 Minuten im Backofen backt.

▶ Hackfleisch S. 28

Frittierfett

... oder auch Bratfett hat die richtige Temperatur, wenn sich rund um den Stiel eines Kochlöffels, den man in das Fett hält, Bläschen bilden.

▶ Pommes frites S. 41, Fettgebackenes S. 67

Besonders clever!

***Frittiergut** nimmt weniger Fett auf, wenn man den Frittierteig mit ein wenig Essig anrührt.*

Besonders clever!

Apfelkompott *schmeckt in der Winterzeit besonders gut, wenn man die geschälten Früchte schon während des Dünstens mit ein wenig Glühweingewürz aromatisiert.*

Fruchtkompott

... aus rohen Bananen, Äpfeln oder Birnen vor dem Pürieren immer mit Zitronensaft beträufeln, damit die Früchte ihre Farbe behalten und nicht braun werden.

... wird nicht zu süß, wenn man es erst nach dem Kochen mit etwas Honig oder Zucker abschmeckt.

Gänsefett

... kann der Apfel-Zwiebel-Füllung für die Gans ein ganz hervorragendes Aroma verleihen: Das gut sichtbare Fett des Tieres abschneiden, in einer Pfanne auslassen und die Zutaten der Füllung darin braten.

Geflügel

... erhält ein fruchtiges Aroma, wenn man es vor dem Braten mit Zitronensaft beträufelt oder zusammen mit 2–3 ganzen, unbehandelten Zitronen gart.

... wird besonders knusprig, wenn man etwa 5 Minuten vor Ende der Garzeit den Grill zuschaltet.

... trocknet während des Garens nicht aus, wenn man es vor dem Braten mit dünnen Scheiben Frühstücksspeck umwickelt. Diese kurz vor Ende der Garzeit entfernen.

... muss schonend aufgetaut werden, damit es nicht zu viel Saft verliert – am besten über Nacht im Kühlschrank. Wegen möglicher Salmonellenentwicklung muss die Abtauflüssigkeit so ablaufen können, dass das Fleisch damit nicht in Berührung kommt.

Stets alle Küchengeräte und die Arbeitsplatte, mit denen das rohe Geflügelfleisch in Berührung gekommen ist, gründlich reinigen und das Geflügel immer gut durchgaren.

▶ Brathähnchen S. 18, Gewürze S. 27, Kräuter S. 34, Beizen S. 121, Tranchieren S. 121

Gelee

... aus Beerenfrüchten, Quitten oder Äpfeln kann man im Schnellkochtopf zubereiten. Die Früchte werden schneller weich und geben mehr Saft als im normalen Kochtopf.

... kann man auch aus reinem Fruchtsaft kochen. 750 ml Fruchtsaft erhitzen und mit 1 kg Gelierzucker 4 Minuten aufkochen. Anschließend in Gläser füllen, diese sofort verschließen, auf den Kopf stellen und auskühlen lassen.

▶ Konfitüre S. 33, Konfitüre S. 96

Gemüse

... gart im Dämpfeinsatz besonders schonend.

... schmeckt aromatischer, wenn man es in gekörnter Brühe gart.

▶ Blumenkohl S. 17, Brokkoli S. 19, Möhren S. 37, Natron S. 38, Paprikaschoten S. 40, Rosenkohl S. 45, Spargel S. 50, Spinat S. 51, Suppen S. 52, Gemüsereste S. 110, Möhren S. 114

Gemüseeintopf

... wird schön sämig, wenn man ihn mit gekochten und pürierten Zucchini oder Kartoffeln bindet.

... wird besonders sämig, wenn man 1 Tasse Wildreis mitgart.

Geschnetzeltes Fleisch

... kann man vor dem Braten in Speisestärke wenden, so wird es zarter, und man kann auf weiteres Bindemittel für die Sauce verzichten.

▶ Rindfleisch S. 45

Gewürze

... sind das A und O beim Kochen. Basilikum, Curry, Lorbeerblätter, Muskatnuss, Nelken, Paprikapulver, schwarzer und weißer Pfeffer, Rosmarin, Salbei, Thymian, Wacholderbeeren und Zimtpulver werden immer wieder benötigt und sollten in keiner Küche fehlen.

Besonders clever!

***CDs,** die einen Sprung haben, lassen sich meist wieder einwandfrei abspielen, wenn man sie für einige Zeit ins Gefrierfach legt.*

... werden nicht immer vor oder während des Garens zugegeben. Fleisch kann man normalerweise vor dem Braten würzen, salzen sollte man es allerdings erst nach dem Braten. Dies gilt insbesondere für Kurzgebratenes. Hingegegen werden Braten und Geflügel, die im Backofen zubereitet werden, bereits vor dem Garen mit Salz eingerieben.
Suppen und Eintöpfe können gleich zu Beginn des Garprozesses gewürzt werden.

Paprikapulver immer erst während des Garens, nicht schon während des Anbratens zufügen, da es den Speisen sonst ein bitteres Aroma verleiht.

Beim Würzen immer zunächst die milderen, später dann die schärferen Gewürze hinzufügen.

Geriebene, zerkleinerte und gemahlene Gewürze immer erst nach dem Garen hinzufügen, da sie sonst ihr Aroma einbüßen.

▶ Cayennepfeffer S. 20, Chilischoten S. 21, Kräuter, S.34, Kümmel S. 35, Lorbeerblätter S. 36, Muskatnuss S. 38, Paprikapulver S. 40, Gewürze S. 68

Gurkensalat

... ist bekömmlicher, wenn man 1 TL mittelscharfen Senf an die Marinade gibt.

... ist bekömmlicher, wenn man die dünnen Scheiben mit einem Dressing aus Sauerrahm und 1 Prise Zucker anmacht.

Gurkensud

...ist vielfach verwendbar. Man kann z. B. halbierte Tomaten hineinlegen und einige Tage ziehen lassen – eine sehr aromatische Beilage zu Kurzgebratenem.

Hackfleisch

... bleibt beim Auswickeln nicht am Papier kleben, wenn man dieses zuvor mit kaltem Wasser anfeuchtet.

Besonders clever!

***Gurkenspiralen** sehen als Garnitur toll aus: 1 langen Metallspieß längs durch eine Gurke oder Gewürzgurke stecken, mit einem kleinen Küchenmesser spiralförmig drumherum schneiden, den Spieß entfernen und die Gurke dann vorsichtig auseinander ziehen.*

Heringssalat

... (Fertigprodukt) schmeckt frischer und hat mehr Biss, wenn man ihn mit feinen Würfelchen von Gewürzgurken und Apfel, etwas Naturjoghurt und Salatmayonnaise verfeinert. Auf diese Weise kann man das Gericht auch prima »strecken«, wenn überraschend Gäste kommen.

Hühnersuppe

... erhält ein dezent exotisches Aroma, wenn man eine kleine, rote Chilischote und ein Stückchen frischen Ingwer mitkocht.

Hülsenfrüchte

... müssen meist über Nacht einweichen. Das kann man abkürzen: Die gewaschenen Hülsenfrüchte mit der vierfachen Menge Wasser bedecken und etwa 2 Minuten sprudelnd kochen. Anschließend auf dem abgeschalteten Herd noch gut 40 Minuten quellen lassen. Den Sud abgießen und die Hülsenfrüchte wie im Rezept beschrieben verarbeiten.

... garen in deutlich kürzerer Zeit, wenn sie erst nach dem Kochen gesalzen werden.

Ingwer

... der bereits holzig ist, kann man in dicken Scheiben mitgaren und diese vor dem Servieren aus dem Gericht entfernen.

Käsekruste

... aus geriebenem Emmentaler, Parmesan oder Gouda verbrennt beim Überbacken des Auflaufs häufig, besonders wenn der Käse schon etwas älter und somit trockener ist. Um das zu vermeiden, die Käseraspel mit etwas Sahne, Milch oder Öl zu einer Paste verrühren und diese über dem Auflauf verteilen.

... muss nicht dick und fettig sein: Wenn man würzigere Käsesorten, z. B. Parmesan, verwendet, kommt man meist locker mit der Hälfte der im Rezept angegebenen Menge aus.

Zum Überbacken sind mittelalte und junge Käsesorten mit mindestens 45 Prozent Fett in der Trockenmasse (F. i. Tr.) am besten geeignet.

▶ Aufläufe S. 16, Mozzarella S. 37, Parmesankäse S. 40, Reibekäse S. 43

Kartoffelchips

... kann man deutlich kalorienärmer zubereiten als fertig gekaufte Chips: Rohe Kartoffeln in hauchdünne Scheiben hobeln, kurz unter kaltem Wasser abbrausen und sorgfältig trockentupfen. Anschließend auf einem mit Küchenkrepp ausgelegten Teller ausbreiten, würzen und auf höchster Stufe 5–7 Minuten in der Mikrowelle garen.

▶ Kartoffelchips S. 111

Kartoffeln

... die Flecken haben, werden wieder schön hell, wenn man dem Kochwasser einen Schuss Essig zufügt.

... die grüne Stellen haben oder bereits ausgetrieben haben, nicht mehr verwenden. Sie enthalten das giftige Solanin.

... die schon länger gelagert wurden, schmecken besser, wenn man 1 EL Zucker ins Kochwasser gibt.

... zerkochen nicht so schnell, wenn man ein kleines Stück Butter ins Kochwasser gibt.

... kochen nicht so schnell über, wenn man den Topfrand zuvor mit Butter bestreicht.

... die mit Schale im Backofen gegart werden, schmecken besonders herzhaft und platzen nicht auf, wenn man sie zuvor mit Speckschwarte einreibt.

▶ Bratkartoffeln S. 19, Pellkartoffeln S. 40, Pommes frites S. 41, Salzkartoffeln S. 47, Kartoffeln S. 111, Pellkartoffeln S. 115

Besonders clever!

*Rohe **Kartoffeln** zu Brei gerieben, lassen geschwollene Augen abschwellen: Den Brei dünn auftragen und 5 Minuten einwirken lassen.*

Kartoffelpüree

... schmeckt besonders gut, wenn man vor dem Servieren 1 EL Kräuter- oder Paprikabutter unterrührt.

Das Butteraroma entfaltet sich am besten, wenn man die Butter in weichen Flöckchen unterrührt.

▶ Kartoffelpüree S. 112

Kartoffelpuffer

... oder Eierpfannkuchen kann man besonders unkompliziert mit wenig Fett im Waffeleisen backen.

... werden schön goldgelb, wenn man zusätzlich 1 Möhre fein raspelt und unter die geriebenen Kartoffeln gibt.

... kann man auch mit Hafer- oder Schmelzflocken statt mit Mehl binden. So werden sie herzhafter und knuspriger.

▶ Fettpritzer S. 23

Besonders clever!

*Wenn man **Schnittblumen** in 1 rohe Kartoffel steckt, bevor man sie in die Vase stellt, oder 1 geschälte, rohe Kartoffel auf den Vasenboden legt, bleiben die Blumen länger frisch.*

Kartoffelsalat

... bereitet man am besten mit handelsüblichen Salatkartoffeln oder aus fest kochenden Sorten zu. Diese wie Pellkartoffeln kochen, etwas abkühlen lassen, pellen und in Scheiben schneiden.

... kann man mit frischen Kräutern toll aromatisieren. Die Marinade mit schwarzem Pfeffer und Senf abschmecken, frisch gehackten Dill, Kerbel, Schnittlauch, Borretsch, Thymian oder Zwiebeln hinzufügen. Auch Muskatnuss, Paprikapulver oder Majoran verleihen dem Salat ein dezentes Aroma.

Die Kartoffeln saugen sich nicht mit Mayonnaise voll, wenn man warme Brühe mit Essig, wenig Salz und Pfeffer würzt und die frisch gepellten Scheiben darin 10 Minuten ziehen lässt. Pro 800 g frisch gepellter Kartoffeln etwa 200 ml Brühe.

▶ Pellkartoffeln S.40, Salatsaucen S. 46, Sahnereste S. 116

Kasseler Braten

… bleibt besonders saftig und erhält ein würziges Aroma, wenn man den ausgelösten Braten mit frisch gehacktem Oregano einreibt und langsam bei 80° im Backofen gart.

… bekommt eine appetitlich knusprige Kruste, wenn man ihn vor dem Garen mit Honig bestreicht.

▶ Braten S. 17, Fleisch S. 24

Klebreis

… als Beilage zu asiatischen Gerichten kann im Backofen gegart werden: Den Reis mit Wasser im Mengenverhältnis 1:2 in einem Schmortopf zugedeckt 20–30 Minuten bei 200° erhitzen.

▶ Reis S. 43

Klöße

… fallen beim Garen nicht auseinander, wenn man pro 1 l Wasser 1 EL Kartoffelmehl ins Kochwasser gibt.

… weichen nach dem Anrichten in einer Schüssel nicht durch, wenn man auf den Boden der Schüssel eine umgedrehte Untertasse legt. Darunter kann sich das von den Klößen abtropfende Kochwasser sammeln.

… aus Fertigpulver schmecken wie hausgemacht, werden leicht und locker, wenn man das Pulver mit Mineralwasser anrührt.

… brauchen beim Garen reichlich Platz. Daher immer nur so viele Klöße in einen Topf geben, dass diese frei nebeneinander »schwimmen« können.

… grundsätzlich ohne Deckel im offenen Topf gar ziehen lassen.

Hefeklöße werden besonders locker, wenn man eine Flasche Mineralwasser ins Kochwasser gibt.

▶ Klöße S. 112

Besonders clever!

Klöße, *die im Kochwasser zerfallen sind, kann man retten: Abschöpfen, in ein mit Küchenkrepp ausgelegtes Sieb geben und die Klöße vorsichtig ausdrücken. Anschließend in eine dünn gefettete Auflaufform schichten und bei 180° mit Käse überbacken.*

Besonders clever!

***Kohlgeruch** während des Garens kann man vermeiden, wenn man zwischen Topf und Deckel ein mit Essigwasser getränktes Tuch legt. Auch ein toller Trick: Einige Walnüsse mitgaren.*

Knoblauch

... verleiht Suppen und Saucen ein weniger aufdringliches Aroma, wenn man gleichzeitig frische Petersilie in einem Tee-Ei einige Minuten mitkocht.

... sollte nie stark angebraten werden, da er sonst bitter wird und dadurch auch das Aroma der Speisen beeinträchtigen kann.

Das Aroma der Knollen haftet nach dem Schneiden nicht am Gemüsemesser, wenn man dessen Schneide durch eine rohe Kartoffel oder Möhre zieht.

▶ Frikadellen S. 24, Rührei S. 46, Knoblauchzehen S. 113

Kochfleisch

... wird schön saftig und zart, wenn man es nicht kalt ansetzt, sondern in kochendes Wasser gibt. So schließen sich die Poren schneller und der Saft bleibt im Fleisch.

▶ Fleisch S. 24, Suppenfleisch S. 52

Kohl

... wird leichter verdaulich und riecht nicht so streng, wenn man Kümmel oder – geschmacksneutral – 1 Scheibe Brot mitgart.

Kohlrouladen

... lassen sich leichter aufwickeln, wenn man die Krautblätter direkt nach dem Blanchieren mit einem Nudelholz flach drückt.

Konfitüre

... schäumt weniger und kocht nicht über, wenn man ein wenig Butter mitkocht.

... wird immer schön fest, wenn man 1/2 geriebenen Apfel mitkocht.

Grundsätzlich eine Gelierprobe machen: Einige Tropfen Konfitüre auf einen kalten Teller geben, wenn die innerhalb von etwa 3 Minuten erstarrt, kann sie in Gläser abgefüllt werden.

Um Lufteinschlüsse zu vermeiden, sollte man die sauberen Gläser randvoll füllen, gut verschließen und mindestens 5 Minuten auf dem Kopf stehend auskühlen lassen.

▶ Agar-Agar S. 16

Koteletts

... kann man schnell verfeinern: Pro Kotelett etwa 1 EL Frischkäse mit 1 TL gehacktem Basilikum verrühren, eine Tasche in das Fleisch schneiden, füllen und das Fleisch wie gewohnt braten.

... garen saftiger, wenn man sie vor dem Panieren mit Senf bestreicht.

▶ Fleisch S. 24, Kurzgebratenes S. 35, Panieren S. 39, Schnitzel S. 49

Kräuter

... sind in der Küche unverzichtbar. Die wichtigsten Kräuter:

Basilikum – vor allem ein Kraut der mediterranen Küche. Nicht mitkochen, sondern nur kurz im gegarten Gericht erwärmen.

Dill – schmeckt frisch oder getrocknet als Salatgewürz, zu eingelegtem Gemüse und zu Fisch.

Estragon – ein aromatisch sehr intensiv würzendes Kraut. Möglichst sparsam für Fischgerichte, Suppen und Saucen verwenden.

Petersilie – immer erst nach dem Garen an die Speisen geben, da sie sonst stark an Aroma einbüßt.

Rosmarin – passt hervorragend zu Geflügel, Lamm, Rind und geschmortem Gemüse, wird von Anfang an mitgegart.

Salbei – passt gut zu Hühner- und Kalbfleisch sowie zu Nudeln.

Schnittlauch – zwiebelähnliches Aroma. Er verfeinert Kräuterquark, Salat und Eigerichte.

Besonders clever!

*Für die klassische **»Grüne Sauce«** wird eine Basismischung aus Kräutern mit würzigem Aroma und geschmacklich eher milden Kräutern zusammengestellt: Borretsch, Kerbel, Kresse, Petersilie, Sauerampfer und Zitronenmelisse.*

Thymian – verleiht Gerichten ein sehr intensives Aroma. Passt zu Schweinefleisch- und Geflügelgerichten.

... entwickeln z. B. in Füllungen mehr Aroma und behalten ihre Farbe, wenn man sie zuvor kurz in Butter oder Öl andünstet.

Getrocknete Kräuter schmecken intensiver, wenn man sie vor dem Würzen zwischen den Handflächen zerreibt.

▶ Kräuter S. 113

Kümmel

... entfaltet mehr Aroma, wenn man ihn vor der Verwendung in lauwarmem Wasser einweicht.

... macht viele schwer verdauliche Speisen bekömmlicher.

▶ Kohl S. 33, Pellkartoffeln S. 40, Rotkohl S. 45, Wirsing S. 54

Kurzgebratenes

... wie Schnitzel, Steaks, Bratwurst und Koteletts vor dem Braten gründlich mit Küchenkrepp abtrocknen, damit das Bratfett nicht spritzt, wenn kleine Wassertröpfchen vom Fleisch abperlen.

... immer bei hoher Temperatur von beiden Seiten anbraten, dann die Hitze reduzieren und unter Wenden fertig garen. Durch das scharfe Anbraten schließen sich die Poren des Fleisches besonders schnell, und die Stücke garen zart und saftig.

... z. B. Steaks und Koteletts, wellen sich beim Braten nicht, wenn man den Fettrand zuvor mehrmals einkerbt. Dabei nicht bis ins Fleisch schneiden.

▶ Fleisch S. 24, Frittierfett S. 25, Gewürze S. 27, Koteletts S. 34, Schnitzel S. 49

Leber

... und Nieren sollte man vor dem Braten einige Zeit in kalte Milch legen und erst am Tisch salzen. So bleiben Innereien schön zart.

Besonders clever!

***Fettflecken** kann man gut aus Textilien entfernen, wenn man die verschmutzte Stelle dick mit Kartoffelmehl bestreut und nach etwa einer Stunde abbürstet. Ebenso hilfreich ist Babypuder: Auf den Fleck streuen, einige Zeit einwirken lassen und anschließend ausbürsten.*

Lorbeerblätter
... frisch vom Bäumchen verfügen über mehr Aroma als getrocknete. Tipp: Ein Lorbeerbaum auf Balkon oder Terrasse sieht sehr hübsch aus.

Mais
... gart wunderbar zart, wenn man 1 TL Butter und 1 Prise Zucker ins Kochwasser gibt.

Markklößchen
... werden sehr locker, wenn man 1 Prise Backpulver unterrührt.

Matjesfilet
... nimmt leicht fremde Aromen an. Um dies zu vermeiden, frischen Matjes im Kühlschrank sorgfältig abdecken.

... schmeckt milder, wenn man ihn vor dem Verzehr 30 Minuten in Butter- oder Sauermilch einlegt. Diese entzieht dem Fisch überschüssiges Salz.

Meerrettich
... reizt die Augen nicht, wenn er in einer ausrangierten elektrischen Kaffeemühle zerkleinert wird.

... würzt milder, wenn man ihn vor dem Raspeln 1 Stunde in Milch einlegt. Die Sauce nach Zugabe derart behandelten Meerrettichs allerdings nicht mehr aufkochen, sonst verfliegt das Aroma ganz.

... wird durch Zugabe von 1 geriebenen Apfel oder etwas Sahne milder.

▶ Möhrensalat S. 37, Salatsaucen S. 46, Meerrettich S. 114

Milch
... kocht nicht so leicht über, wenn man den Topf zuvor kurz mit kaltem Wasser ausspült und den Topfrand rundum dünn mit Butter bestreicht.

▶ Milch S. 114

Besonders clever!

*Reste frisch geriebenen **Meerrettichs** kann man problemlos im Eiswürfelbereiter einfrieren: Mit einigen Tropfen Zitronensaft verrühren, mit Butter verkneten und einfrieren. Mit diesen kleinen Portionen kann man z. B. Bratensaucen oder Ragouts verfeinern.*

Besonders clever!

Angebrannte Töpfe *werden schnell wieder sauber, wenn man darin eine Mischung aus Essig und Salz aufkocht. Nach dem Auskühlen lässt sich die Schmutzschicht ganz leicht auswischen. Den Topf klar nachspülen.* ***Angebranntes und Verkrustungen*** *lösen sich auch, wenn man den Topf mit Zitronensaft oder Backpulver einweicht und über Nacht stehen lässt.*

Milchreis

... brennt nicht an, wenn man zunächst etwas Wasser zum Kochen bringt und erst dann die Milch zugibt. Diese mit Zucker und Zitronenschale zum Kochen bringen, den Topf kurz vom Herd nehmen, den Milchreis einrühren und bei schwacher Hitze in etwa 45 Minuten ausquellen lassen.

... kann nach dem Garen mit Vanillemark, Zimt, Kakao, Kirschen oder anderen Obststückchen verfeinert werden.

Möhren

... schmecken besonders aromatisch, wenn man 1 Schuss Apfelsaft und 1 EL Butter oder Öl ins Kochwasser gibt.

... immer mit etwas Fett garen, damit das wertvolle Carotin vom Körper aufgenommen werden kann.

... lassen sich mit einem Spargelschäler schnell und dünn schälen.
▶ Gemüse S. 27, Gemüsereste S. 110, Möhren S. 114

Möhrengrün

... ist prima zum Dekorieren und Würzen geeignet.

... sollte man direkt nach dem Einkauf abschneiden, wenn die Möhren nicht gleich weiterverarbeitet werden. Es entzieht den Möhren sonst zu viel Wasser.

Möhrensalat

... schmeckt besonders pikant, wenn man etwas frisch geriebenen Meerrettich ins Dressing gibt.

... erhält ein orientalisches Aroma, wenn man ihn mit Honig oder Dicksaft süßt und Mandeln sowie Rosinen untermischt.

Mozzarella

... kann man leichter in gleichmäßige Scheiben schneiden, wenn man ihn etwa 10 Minuten im Tiefkühlfach anfriert.

Besonders clever!

***Brandflecken** in Kleidungsstücken verschwinden, wenn man sie mit Zitronen- oder Zwiebelsaft beträufelt und etwa 20 Minuten einwirken lässt. Es empfiehlt sich jedoch, vorher an einer nicht sichtbaren Stelle zu prüfen, ob der Stoff fleckig wird.*

... kann man mit dem Eierschneider perfekt in gleichmäßige Scheiben schneiden.

Nur Büffelmozzarella (Mozzarella di bufala) verfügt über einen intensiven Eigengeschmack. Zum Gratinieren, für Pizza, Aufläufe etc. kann man aber Kuhmilch-Mozzarella verwenden.

Muskatnuss

... verfügt über ein sehr nachhaltiges und intensives Aroma. Deswegen sollte man eine kleine Reibe oder Pfeffermühle nur zum Reiben der Muskatnüsse reservieren.

... immer erst am Ende der Zubereitung an die Speisen geben, durch Mitgaren würde Muskat bitter.

Natron

... im Kochwasser verkürzt die Garzeiten von grünem Gemüse, z. B. Bohnen oder Brokkoli, und erhält deren frische Farbe. Sparsam dosieren!

▶ Eischnee S. 66, Muffins S. 77, Natron S. 78, Zuckerguss S. 103

Nudeln

... müssen immer in reichlich Salzwasser garen. Pro 100 g Teigwaren mindestens 1 l Wasser und 1 TL Salz – bei Nudeln ohne Ei oder Nudeln für Nudelsalate 1 EL Salz auf 1 l Wasser geben – zum Kochen bringen.

... schmecken »al dente« einfach am besten. Wann die Nudeln bissfest sind, hängt von ihrer Beschaffenheit ab: Rigatoni und große Muscheln müssen bis zu 20 Minuten garen, kurze Nudeln etwa 10–15 Minuten und Spaghetti je nach Dicke etwa 5–10 Minuten. Immer zusätzlich die Packungsangabe beachten!

... sollten nur dann kalt abgeschreckt werden, wenn sie für Salate oder Aufläufe weiterverwendet werden. Andernfalls am besten unmittelbar nach dem Abgießen des Kochwassers mit der Sauce vermengen.

... die nach dem Abgießen verkleben, kann man kurz mit etwas heißem Wasser übergießen und abtropfen lassen.

... werden schön gelb, wenn man dem Kochwasser etwas Kurkuma (Gelbwurz) zufügt. Das geschmacksneutrale Gewürz färbt so gut wie teurer Safran.

... erhalten ein pikant würziges Aroma, wenn man sie in Fleisch oder Gemüsebrühe gart.

... können des Geschmacks wegen in erwärmtem Öl geschwenkt werden. Allerdings hat dies – genau wie die Zugabe von Öl zum Kochwasser – einen Haken: Ölige Spaghetti flutschen immer wieder von der Gabel und können sich nicht so gut mit der Sauce verbinden.

Für Nudelsalate sind Sorten wie Hörnchen, kleine Muscheln oder Gabelspaghetti am besten geeignet.

Die oberste Schicht Nudeln von Nudelaufläufen wird durch die direkte Hitzeeinwirkung im Backofen schnell trocken und hart. Sie bleiben schön saftig, wenn man sie mit mehreren Chinakohlblättern abdeckt.

▶ Aufläufe S. 16, Nudelreste S. 114, »al dente« S. 121

Panieren

... kann man auch in Milch, wenn kein Ei zur Hand ist.

... kann man auch in Mehl oder Hartweizengrieß, wenn kein Paniermehl zur Hand ist. Noch aromatischer: gemahlene Nüsse, Parmesan, Mohn-, Fenchel- oder Selleriesamen, Sesam, zerstoßene Cornflakes, Erdnussflips, Salzstangen oder Cräcker verwenden – pur oder mit Paniermehl gemischt.

Das Fleisch immer unmittelbar nach dem Panieren anbraten, damit die Panade nicht durchweicht und beim Braten hart wird.

▶ Koteletts S. 34, Schnitzel S. 49, Käse S. 111

Besonders clever!

***Eiflecken** sollte man sofort mit kaltem, klarem Wasser auswaschen. Sind sie bereits eingetrocknet, zunächst mit einem Gemisch aus Glyzerin und Wasser aufweichen, dann erst auswaschen.*

Paprikapulver

... wird beim Anbraten in heißem Fett bitter. Da hilft ein Trick: Das Gewürzpulver mit kalter Butter verkneten, bevor man es zum Fleisch – z. B. zum Gulasch – gibt. Das verhindert darüber hinaus die Bildung von Gewürzklümpchen.

Paprikaschoten

... sind leichter verdaulich, wenn man die Haut mit einem Spargelschäler dünn schält.

Die Haut lässt sich leicht abziehen, wenn man die Schoten bei 220° im Backofen etwa 15 Minuten erhitzt, bis die Haut Blasen wirft. Unter einem feuchten Tuch etwas abkühlen lassen und anschließend die gelöste Haut abziehen.

Parmesankäse

... verbrennt beim Überbacken nicht, wenn man ihn zuvor in etwas Milch einlegt.

... wird beim Überbacken weder bitter noch hart, wenn man ihn erst 10 Minuten vor Ende der Garzeit über den Auflauf streut.

▶ Brühe S. 20, Käsekruste S. 29, Panieren S. 39, Reibekäse S. 43, Käse S. 111

Besonders **clever!**

***Pellkartoffeln** und Salzkartoffeln verlieren während des Garens weniger Nährstoffe, wenn man sie in wenig Salzwasser dämpft statt sie in reichlich Salzwasser zu kochen. Die Länge der Garzeit wird dadurch nicht beeinflusst.*

Pellkartoffeln

... vor dem Pellen etwas abkühlen lassen. Ganz erkaltete Kartoffeln lassen sich allerdings schlecht schälen. Diese deswegen wieder kurz mit kochendem Wasser überbrühen, damit sich die Schalen besser lösen.

... entwickeln ein pikantes Aroma, wenn man Kümmel, 1 Lorbeerblatt, einige Nelken oder Wacholderbeeren mitkocht.

... lassen sich leichter schälen, wenn man einen Schuss Speiseöl ins Kochwasser gibt. Sie kochen dann auch nicht so schnell über.

▶ Kartoffeln S. 30, Kartoffelsalat S. 31, Pellkartoffeln S. 115

Pilze

... kann man am nächsten Tag noch einmal aufwärmen, wenn das Pilzgericht am Tag der Zubereitung schnell abgekühlt wird, zugedeckt im Kühlschrank aufbewahrt und am nächsten Tag auf mindestens 70° erhitzt wird. Länger als 2 Tage sollte man Pilzgerichte nicht aufbewahren.

▶ Champignons S. 20, Trockenpilze S. 53

Pizza

... bekommt einen knusprigen Boden, wenn sie auf der unteren Schiene des Backofens und während der ersten Hälfte der Backzeit nur bei Unterhitze gebacken wird.

... wird schön knusprig, wenn man den Boden aus Brot-, Hefe- oder Hartweizengrießteig mit Olivenöl oder Schweineschmalz zubereitet und diesen dünn ausrollt.

... wird schön kross und knusprig, wenn man pro 400 g Mehl etwa 2 EL Olivenöl und 2–3 EL Grieß unter den Hefeteig knetet.

... kann man problemlos mit der Küchenschere schneiden, wenn der Boden zäh geworden ist.

Die schnelle Variante: Fladenbrot waagerecht halbieren und mit Pizzasauce aus dem Glas bestreichen. Mit frischen Zutaten nach Belieben belegen und bei 200° (Umluft, Mitte) backen, bis der Käse zerläuft.

▶ Mozzarella S. 37, Backofen S. 59, Hefeteig S. 70

Besonders **clever!**

***Ketchup** fließt ganz leicht aus der Flasche, wenn man einen Strohhalm so weit in die Flasche steckt, dass er den Boden berührt.*

Pommes frites

... werden viel knuspriger, wenn man die Kartoffelstifte vor dem Frittieren in Eiswasser ruhen lässt. Danach sorgfältig trocken tupfen, damit das heiße Fett nicht spritzt.

... immer erst im letzten Moment vor dem Servieren salzen, damit sie richtig knusprig bleiben. Sonst ziehen sie Wasser und werden weich.

Besonders ***clever!***

Gusseiserne und beschichtete ***Pfannen*** *mögen weder Spülmaschinen noch Spülmittel: Nach jedem Gebrauch mit Küchenpapier auswischen und leicht einölen. In* ***stark verschmutztem Kochgeschirr*** *ein Gemisch aus Essig und Salz aufkochen und anschließend klar nachspülen.*

... bleiben knusprig, wenn man sie 2–3 Minuten vorfrittiert, gut abtropfen lässt und ein zweites Mal ins Fettbad wirft.

▶ Frittierfett S. 25

Pudding

... bekommt keine Klümpchen, wenn man das Pulver durch ein feines Sieb streicht, mit 3–4 EL kalter Milch anrührt und diese in die kochende Milch einrührt.

... brennt beim Kochen nicht an, wenn man den Topfboden zuvor mit Butter einfettet.

... lässt sich problemlos stürzen, wenn man die Puddingform vor Einfüllen des heißen Puddings mit kaltem Wasser ausspült.

... bildet keine »Haut«, wenn man die Oberfläche des Puddings nach dem Kochen dünn mit Zucker bestreut.

... kann man zur Abwechslung einmal als fruchtiges Cremedessert zubereiten: Das Vanille-Puddingpulver in kaltem Früchtetee und Zucker statt Milch kochen.

▶ Milch S. 36

Quark

... verträgt sich nicht mit frischer Ananas oder Kiwi, die Quarkspeise wird bitter. Für Quark- oder Sahnespeisen sollte man das Obst vor dem Untermischen blanchieren oder Dosenobst verwenden.

▶ Frikadellen S. 24, Saure Sahne S. 48, Quark S. 115

Quitten

... verleihen Salaten und Süßspeisen ein feines Aroma. Zum Würzen nur die Schalen verwenden: Um die feinen Härchen zu entfernen, die Früchte trocken abreiben und im Backofen trocknen. Anschließend im Mixer pulverisieren und in Schraubdeckelgläsern aufbewahren.

Besonders clever!

Aufgewärmter Reis *schmeckt wie frisch gekocht, wenn man den Reis vom Vortag in einen Gefrierbeutel gibt und diesen für 5 Minuten in kochendes Wasser hängt.*

Räucherfisch

... schmeckt wie frisch aus dem Rauch, wenn man ihn vor dem Servieren ganz leicht erwärmt.

Reibekäse

... wie Parmesan oder Greyerzer kauft man am besten am Stück und lagert ihn zu Hause. Je älter und trockener der Käse wird, desto würziger schmeckt er. Frisch gerieben entfaltet er dann sein ganzes Aroma.

Weicher oder halbfester Schnittkäse lässt sich viel besser reiben, wenn man ihn zuvor für etwa 15 Minuten ins Gefrierfach legt.

▶ Käsekruste S. 29, Parmesankäse S. 40

Reis

... sollte man während des Garens gelegentlich umrühren, damit er nicht anbrennt. Ist dies bereits geschehen, vorsichtig die obere, nicht verbrannte Schicht abtragen und in einem sauberen Topf fertig garen.

... wird strahlend weiß, wenn man einige Tropfen Zitronensaft ins Kochwasser gibt.

... kann man verfeinern und färben, indem man ihn in kräftiger Gemüsebrühe, Orangen- oder Tomatensaft gart.

... als Beilage zu Frikassee sieht besonders appetitlich aus, wenn man ihn mit Paprika- oder Currypulver färbt.

... kann man sehr dekorativ anrichten, indem man ihn in eine Tasse oder Puddingform füllt, vorsichtig ein wenig andrückt und dann auf einen Teller stürzt.

... bekommt ein besonders würziges Aroma, wenn man kurz vor Ende der Garzeit einige goldbraun geröstete Zwiebelwürfel ins Kochwasser gibt.

Besonders clever!

*Wenn der **Reis angebrannt** ist, die nicht verbrannte Schicht großzügig abnehmen und in einem frischen Topf mit wenig Wasser und 1 Brotscheibe obenauf zugedeckt etwa fünf Minuten ziehen lassen.*

Man unterscheidet verschiedene Garmethoden für Reis:

Wasser-Methode: Den Reis in sprudelnd kochendes Wasser geben, etwa 10–20 Minuten bei mittlerer Hitze garen, in ein Sieb abgießen. Das Mengenverhältnis von Wasser und Reis ist 4:1.
Kochbeutel-Methode: Den Beutel in kochendes Wasser geben und nach Packungsangaben 10–20 Minuten sanft köchelnd garen. Bei diesen beiden Zubereitungsmethoden bleibt der Reis körnig und klebt nicht.

Dämpf-Methode: Den Reis 1 Stunde in Wasser einweichen, im Dampfkorb oder in einem Tuch im Sieb über heißem Dampf etwa 30–40 Minuten garen.
Risotto-Methode: Den Reis in etwas Fett glasig dünsten, wenig Flüssigkeit zugeben und köcheln lassen, bis die Flüssigkeit aufgesogen ist. Immer wieder kleine Mengen Flüssigkeit zugießen, bis der Reis sämig gegart ist. Das Mengenverhältnis von Wasser und Reis ist etwa 2:1.
Bei diesen beiden Methoden gart der Reis klebrig und lässt sich gut formen.

Quell-Methode: 1 Teil Reis mit 2 Teilen Wasser zum Kochen bringen, bei schwacher Hitze leise köcheln lassen, bis die Flüssigkeit aufgesogen ist. Dies dauert je nach Reissorte 10–20 Minuten.
▶ Aufläufe S. 16, Klebreis S. 32, Milchreis S. 37, Reisreste S. 115

Remoulade

... hält sich viel länger, wenn man sie mit Perlzwiebeln aus dem Glas statt frischer Zwiebeln zubereitet.

Rhabarber

... generell erst nach dem Kochen süßen.

... schmeckt nicht so herb, wenn man ihn mit 2 EL Rosinen gart.

... schmeckt auch Kindern, wenn man ihn 10–12 Minuten in Orangensaft gart und anschließend mit Zucker süßt.

Rindfleisch

... für Gulasch oder Geschnetzeltes wird besonders zart, wenn man das Fleisch beim Würzen zusätzlich mit Backpulver bestreut.

▶ Braten S. 17, Fleisch S. 24, Geschnetzeltes Fleisch S. 27, Paprikapulver S. 40, Rouladen S. 46, Gulaschreste S. 110

Besonders clever!

*Die Kartoffeln für **Rösti** bereits am Vortag kochen. Am besten **vorwiegend fest kochende** Kartoffeln verwenden, die für alle Zubereitungsarten geeignet sind. **Fest kochende** eignen sich primär für Kartoffelsalate. **Mehlig kochende** für Kartoffelpüree, Suppen, Klöße und Kartoffelteige.*

Rösti

... bekommen eine krosse Kruste, wenn man sie vor dem Wenden in der Pfanne mit etwas Milch beträufelt. Aber nur wenig, sonst werden sie matschig!

▶ Kartoffeln S. 30

Rosenkohl

... gart schneller und schmeckt nicht bitter, wenn man die Röschen am unteren Ende kreuzweise einschneidet.

Vor der Zubereitung sollte man die Stielenden abschneiden, die äußeren Blätter entfernen und die Röschen ein paar Minuten in Essigwasser ziehen lassen.

▶ Natron S. 38

Rotkohl

... wird bekömmlicher, wenn man dem Kochwasser etwas Kümmel oder Honig zufügt.

... wird schön sämig, wenn man ihn zusammen mit einigen Reiskörnern gart.

... aus dem Glas kann man mit fein geschnittenen Birnen-, Apfel-, Ananas- oder Kürbisstückchen, 1 Glas Rotwein, Ingwer oder abgeriebener Orangenschale verfeinern. Zum Würzen eignen sich Lorbeerblätter und Nelken oder Zimt.

... behält seine Farbe, wenn man ihn mit etwas Preiselbeerkonfitüre und Zucker zubereitet oder dem Kraut während der Garzeit einen Schuss Essig zufügt.

▶ Weiß- oder Rotkohl S. 54

Besonders clever!

Eierkuchen und Omeletts, *die zu dunkel gebraten sind, kann man mit 2–3 EL saurer Sahne bestreichen und mit geriebenem Käse bestreuen. Dann unter dem Grill gratinieren und servieren.*

Rouladen

... werden während des Garens nicht zäh, wenn man sie zunächst kräftig anbrät, dann die Zutaten für die Sauce hinzufügt und alles bei mittlerer Hitze zugedeckt schmoren lässt.

... erhalten ein besonders pikantes Aroma, wenn man das Fleisch vor dem Garen beidseitig mit Senf bestreicht.

Rouladennadeln lassen sich leichter aus dem gegarten Fleisch ziehen, wenn man sie vor Gebrauch in Öl taucht.

▶ Bratensauce S. 18, Fleisch S. 24

Rührei

... wird besonders locker, wenn man Mineralwasser unterrührt.

... erhält ein pikantes Aroma, wenn man 1 Knoblauchzehe auf eine Gabel spießt und die Eier mit dieser kräftig verquirlt.

... erhält ein raffiniertes Aroma, wenn man die Eier mit etwas Milch und etwas Zwiebelsuppenpulver (Fertigprodukt) verquirlt.

▶ Eier S. 21, Zitronenmelisse S. 55, Eier S. 65, Eier S. 109

Salatsaucen

... erhalten ein pikantes und erfrischendes Aroma, wenn man sie mit einer Messerspitze Meerrettich aus dem Glas verfeinert. Solche Dressings passen gut zu knackigen Blattsalaten.

... sind deutlich kalorienärmer, wenn man sie mit gekühlter Buttermilch statt mit Sahne zubereitet.

... mit Mayonnaise werden deutlich kalorienärmer, wenn man sie mit Joghurt streckt oder Salatcreme statt Mayonnaise verwendet.

Für eine klassische Vinaigrette zunächst die Gewürze mit Essig oder Zitronensaft verrühren, dann erst das Öl untergeschlagen.

▶ Kartoffelsalat S. 31, Nudelsalat S. 39, Saure Sahne S. 48, Knoblauchzehen S. 113, Kräuter S. 113

Salzkartoffeln

... vor dem Kochen in dicke Scheiben schneiden. Dadurch verringert sich die Garzeit um ein Viertel.

... garen Nährstoff schonender mit der Dampfmethode: Pro 500 g Kartoffeln etwa 1 EL Fett in einer Pfanne erhitzen, die rohen Kartoffelscheiben hineingeben, salzen und mit 1/2 Tasse Wasser aufgießen. Zugedeckt langsam weich dämpfen. Damit die Kartoffeln nicht ansetzen, ab und zu an der Pfanne rütteln.

▶ Kartoffeln S. 30

Sauce

... für feine Braten, Geschnetzeltes und Ragouts kann man mit pürierter Banane verfeinern und zugleich cremig binden.

... bekommt keine Klümpchen, wenn man sie mit Mehlbutter andickt: 1 EL Mehl mit 1 EL Butter verkneten, zu kleinen Kugeln formen und gegen Ende der Kochzeit portionsweise unterrühren. Mehlbutter kann man auf Vorrat einfrieren.

... bekommt keine Klümpchen, wenn man das Mehl zum Binden vor dem Einrühren mit etwas Salz und Wasser glatt rührt.

... und Suppen kann man hervorragend mit Kartoffelpüreepulver binden. Dieses einfach einrühren und kurz quellen lassen.

... die aller Vorsicht zum Trotz Klümpchen hat, durch ein Sieb streichen und unter Rühren erneut aufkochen lassen.

... erhält ein besonderes Aroma, wenn man statt des Saucenbinders Röstzwiebeln oder Kokosflocken einrührt.

... die versalzen ist, kann man auf vielfältige Weise retten: 1 Schuss Orangensaft oder 1 geschälte Orange – in dicken Scheiben, 2 getrocknete Pflaumen, püriertes Gemüse oder eine rohe, fein geriebene Kartoffel einrühren und mitköcheln lassen. Oder etwas flüssige Sahne hinzufügen, aber nicht mehr kochen.

Besonders clever!

*Selbst gemachte **Mayonnaise,** die zu dünn geraten ist, kann man mit einer kalten zerdrückten Pellkartoffel andicken, ohne dass der Geschmack darunter leidet.*

Besonders ***clever!***

__Rotweinflecken__ sofort dick mit Salz bestreuen, um die Flüssigkeit aufzusaugen. Danach Weißwein auf den Fleck geben, etwas einwirken lassen und das Kleidungsstück oder die Tischwäsche in der Waschmaschine waschen.

... in der die Sahne ausflockt, kann man retten, indem man 1 EL Senf einrührt und sie unter Rühren erneut aufkochen lässt.

... die sehr fett ist, kann man entfetten, indem man sie in ein hohes Gefäß gießt, und das Fett, das sich an der Oberfläche absetzt, mit Küchenkrepp entfernt. Alternativ: Die Sauce abkühlen lassen und das erstarrte Fett mit einem Löffel abschöpfen.

Mehlgeschmack in Saucen, die auf einer Mehlschwitze basieren, verschwindet, wenn man sie noch 3–5 Minuten unter Rühren köcheln lässt.

Rahmsaucen erhalten ein pikanteres Aroma, wenn man den Bratensaft mit etwas Frischkäse statt Sahne bindet.

▶ Bratensaucen S. 18, Brühe S. 20, Butter S. 20, Currysauce S. 21, Geschnetzeltes Fleisch S. 27, Knoblauch S. 33, Meerrettich S. 36, Saure Sahne S. 48, Suppen S. 52, Trockenpilze S. 53, Käse S. 111, Kräuter S. 113, Mehlschwitze S. 121

Sauerkraut

... aus frischem Weißkraut erhält ein aromatischeres Aroma, wenn man 1 Tasse Zitronenlimonade mitgart.

▶ Weiß- oder Rotkohl S. 54

Saure Sahne

... sowie Crème fraîche, Schmand oder Quark lösen sich leichter aus dem Becher, wenn man ein Loch in den Boden sticht. Der Inhalt gleitet dann wie von selbst heraus.

... kann in vielen Rezepten als deutlich fettärmere Alternative zu Crème fraîche oder Schmand verwendet werden, z. B. bei der Zubereitung von Suppen und Saucen, Dips und Dressings.

Schaschlikspieße

... aus Holz vor Gebrauch am besten über Nacht, auf jeden Fall aber 30 Minuten in kaltes Wasser einlegen. So löst sich das Fleisch nach dem Garen ganz leicht.

Schmorbraten

... oder Gulasch erhält ein besonders intensives Aroma, wenn man einige Oliven oder Peperoni 2 Stunden in etwas Rotwein einweicht und dann hinzufügt. Die Weinmarinade kann man als Schmorsud verwenden.

... wird besonders zart und saftig, wenn man ihn mit frischer Ananas oder einer in Würfel geschnittenen Kiwi zubereitet. Deren Enzyme machen das Fleisch schön mürbe. Zusätzlich verleihen die Früchte der Sauce ein feines, süß-saures Aroma.

... wird nicht zäh, wenn man zum Angießen grundsätzlich heiße Flüssigkeit – Wasser, Brühe oder Wein – verwendet.

... erhält eine schöne Kruste, wenn man ihn vor dem Garen mit Senf oder etwa 10 Minuten vor Ende der Garzeit dünn mit Rübensirup bestreicht.

... aus Rindfleisch wird beim Schmoren schön zart, wenn man ihn am Vortag rundum mit Senf bestreicht und über Nacht ruhen lässt. Zusätzlich verleiht der Senf der Bratensauce ein ganz ausgezeichnetes Aroma.

▶ Braten S. 17, Bratensauce S. 18, Fleisch S. 24, Gewürze S. 27, Sauce S. 47, Bratenreste S. 108

Besonders *clever!*

***Panade** haftet besser am Fleisch, wenn man das Ei mit 1 Schuss Öl verquirlt.*

Schnitzel

...werden zäh, wenn man sie vor der Zubereitung flach klopft. Stattdessen die dünnen Fleischscheiben besser zwischen zwei Lagen Klarsichtfolie mit einem Messerrücken, dem Nudelholz oder den Handballen vorsichtig flach streichen.

... und Koteletts werden wunderbar zart, wenn sie bereits 30 Minuten vor dem Panieren mit verquirltem Ei bestrichen werden. Dann gut abtropfen lassen und wie gewohnt panieren.

... schmecken noch aromatischer, wenn man sie in Zitronensaft statt in Ei wendet.

... garen sehr zart und saftig, wenn man sie vor dem Wenden in Semmelbröseln mit einer Mischung aus Eigelb, Kondensmilch, Gewürzen und etwas Senf bestreicht.

▶ Fleisch S. 24, Koteletts S. 34, Kurzgebratenes S. 35, Panieren S. 39

Schweinefleisch

... erhält beim Braten ein würzigeres Aroma, wenn man einige Wacholderbeeren mitgart.

▶ Braten S. 17, Fleisch S. 24

Schweinshaxn

... (Eisbein) sind bekömmlicher, wenn man sie zunächst 1 Stunde kocht und dann 30 Minuten grillt.

Sojasauce

... kann man durch eine Mischung aus 7 Teile Maggi-Würze und 3 Teile Sherry ersetzen.

Soufflés

... bräunen nicht so stark, wenn man die Form etwa nach der Hälfte der Garzeit mit Alufolie bedeckt oder ein Backblech in die Schiene darüber schiebt.

... mit Käse oder Obst werden herrlich weich und luftig, wenn man sie bei hohen Temperaturen backt. Schwere Gemüse- und Fischsoufflés hingegen gart man bei schwacher Hitze, bis sie in der Mitte schön aufgegangen sind.

Spargel

... wird je nach Farbe unterschiedlich geschält. Bei weißem Spargel beginnt man unterhalb der Köpfe, bei den grünen Sorten schält man nur das untere Drittel. Zum Stangenende hin sollte man etwas dicker schälen, da dort mehr Bitterstoffe sitzen.

... gart nicht mit wässrigem Aroma, wenn man ihn im Spargelsud gart. Dafür die Schalen in reichlich Wasser 15 Minuten kochen.

Besonders clever!

***Spargelsud** – nicht das Kochwasser mit Butter – sollte man nicht wegschütten, sondern abkühlen lassen und trinken, es unterstützt die Entschlackung.*

... schmeckt am besten, wenn man ihn mit 1 Prise Zucker, 1 Scheibe Zitrone und etwas Butter gart – kein Salz hinzufügen! Weißer Spargel gart in 10–15 Minuten, grüner in 8–12 Minuten. Grünen Spargel kann man auch braten oder im Backofen garen.

... schmeckt nicht bitter, wenn man 1 Scheibe Weizenmischbrot mitgart. Dieses entzieht dem Spargel die Bitterstoffe.

... am besten pur servieren und erst unmittelbar vor dem Verzehr mit Kräutern würzen. Besonders praktisch sind fertige Würfel, die sich auf dem heißen Gemüse blitzschnell auflösen.

... kann man hübsch dekorieren: Den Spargel portionsweise mit Porreestreifen zusammenbinden. Die Porreeblätter zuvor längs in Streifen teilen, blanchieren und kalt abschrecken.

Speck

... kann man besser schneiden, wenn man ihn zuvor etwa 20 Minuten im Tiefkühlfach anfriert. Alternativ dazu ebenfalls hilfreich, das Messer zuvor in heißes Wasser zu tauchen.

Spiegeleier

... setzen in der Pfanne nicht an, wenn man etwas Mehl im heißen Bratfett anschwitzt.

... erhalten ein besonders würziges Aroma, wenn man sie mit geriebenem Käse bestreut und vorsichtig von beiden Seiten brät.

▶ Eier S. 21, Eier S. 109

Spinat

... erhält ein pikanteres Aroma, würzt man ihn mit Sardellenpaste.

... gibt man tropfnass in einen Topf und lässt ihn bei mittlerer Hitze in sich zusammenfallen. Er gart mit pikanterem Aroma, wenn man zunächst Zwiebelwürfelchen und Knoblauch in heißem Fett andünstet, den Spinat tropfnass hinzufügt und unter Rühren in etwa 3 Minuten bei mittlerer Hitze zusammenfallen lässt.

Besonders ***clever!***

Spinatflecken *kann man leichter entfernen, wenn man sie zunächst mit 1 rohen Kartoffel abreibt und anschließend mit wenig Seifenlauge auswäscht.*

... kann man auch mit Crème fraîche statt Sahne zu Rahmspinat verarbeiten. So erhält er ein besonders pikantes Aroma.

... wegen seines hohen Nitratgehalts am besten nicht aufwärmen.

Suppen

... werden sämiger, wenn man die Gemüseeinlage – eventuell auch nur einen Teil davon – püriert.

... – insbesondere Cremesuppen oder klare Suppen – sind sättigender, wenn man etwa 6 Minuten vor Ende der Garzeit frisches Gemüse zugibt und mitgart.

... die versalzen sind, kann man retten: Zucker und Apfelessig zu gleichen Teilen mischen und in kleinen Portionen an die Suppe geben, bis der salzige Geschmack verschwunden ist.

Crème fraîche oder Sahne flocken nicht aus, wenn man sie mit etwas Mehl oder Speisestärke anrührt, am Ende der Garzeit in die Cremesuppe einrührt und diese nicht mehr kochen lässt.

▶ Butter S. 20, Chilischoten S. 21, Hühnersuppe S. 29, Knoblauch S. 33, Kräuter S. 34, Sauce S. 47, Saure Sahne S. 48, Tomatensuppe S. 53, Kräuter S. 113

Suppenfleisch

... wird sehr zart, wenn man etwas Essig oder eine Zitronenscheibe ins Kochwasser gibt.

... sollte man vor dem Schneiden in der Suppe erkalten lassen, da es sonst zäh wird.

▶ Kochfleisch S. 33

Tomaten

... lassen sich leicht häuten: Den Blütenansatz herausschneiden, die Frucht über Kreuz einschneiden, mit kochendem Wasser überbrühen. Etwa 1 Minute ziehen lassen, herausnehmen, mit eiskaltem Wasser abschrecken und abziehen.

Besonders clever!

***Lederschuhe** glänzen wieder wie neu, wenn man sie mit einer halbierten Zwiebel abreibt und anschließend mit einem Wolllappen nachpoliert.*

... kann man in allen Gerichten, in denen die Tomaten mitgekocht werden, durch Tomaten aus der Dose ersetzen.

... fallen nicht auseinander, wenn man sie quer zum Stielende in Scheiben schneidet.

▶ Tomaten S. 118

Besonders *clever!*

***Tomaten** lindern Sonnenbrand. Die gereizte Haut einfach mit einer reifen, halbierten Tomate einreiben, das kühlt und beruhigt.*

Tomatensuppe

... erhält ein würzigeres Aroma, wenn man sie mit etwas Tomatenmark, 1 EL Crème fraîche und Basilikum verfeinert.

... kann man mit einer Prise Zimt würzen. Das verleiht ihr ein raffiniertes Aroma.

▶ Suppe S. 52

Tontöpfe

... z. B. ein Römertopf®, vertragen keine starken Temperaturschwankungen. Deswegen müssen sie grundsätzlich in den kalten Backofen gestellt werden.

... vor Gebrauch mindestens 20 Minuten wässern, damit sich die Poren mit kaltem Wasser voll saugen können. Der im Backofen entstehende Dampf hält die Speisen schön saftig.

Das Garen im Tontopf dauert etwas länger, dafür garen die Speisen sehr Nährstoff schonend, saftig und mit sehr viel Aroma.

Trockenpilze

... sollten möglichst luftig gelagert werden, deswegen nach Anbruch der Packung am besten in Leinensäckchen umfüllen.

... müssen vor Verwendung 30–60 Minuten in lauwarmem Wasser eingeweicht werden.

... schmecken noch aromatischer, wenn man sie in Weiß- oder Rotwein statt in Wasser einweicht.

... verleihen brauner oder weißer Sauce ein feinwürziges Aroma. Um sie genauer dosieren zu können, durch die Kaffeemühle drehen oder in der Küchenmaschine zerkleinern.

Verlorene Eier

... immer in Essigwasser ohne Salz garen – 100 ml Essig je 1 l Wasser hinzufügen. Die Essigsäure verhindert, dass das Ei zerfließt, Salz hätte genau diesen Effekt!

... immer einzeln aufschlagen und aus einer Tasse in das kochende Essigwasser gleiten lassen. Mit einem Schaumlöffel nach 4–5 Minuten herausnehmen, wenn das Eiweiß gestockt, das Eigelb aber noch weich ist.

▶ Eier S. 21, Eier S. 109

Weiß- oder Rotkohl

... kann man einfach und schnell mit Hilfe einer Brotschneidemaschine in Streifen schneiden.

▶ Rotkohl S. 45, Sauerkraut S. 48

Wiener Würstchen

... platzen nicht auf, wenn man sie im offenen Topf ohne Deckel gar ziehen lässt.

Wirsing

... ist bekömmlicher und erhält ein feines Aroma, wenn man ihn mit Kümmel gart.

Wurst

... für Nudel- oder andere Salate kann man sehr einfach in gleichmäßige Würfel schneiden, wenn man dicke Scheiben von ofengebackenem Leberkäse statt Fleischwurst verwendet.

Man kann – insbesondere bei Hartwurst – die Pelle ohne Mühe abziehen, wenn man die Wurst kurz in heißes Wasser legt und anschließend gründlich abtrocknet.

Besonders clever!

***Zwiebeln** eignen sich auch zum Vertreiben von Holzwürmern. Die betroffenen Stellen einige Male mit einer halbierten Zwiebel einreiben, und die Würmer »wandern aus«.*

Besonders clever!

*Eine aufgeschnittene **Zwiebel** ist auch zum Einreiben von Insektenstichen geeignet. Der Stich schwillt schnell ab und entzündet sich nicht.*

Zitronen

... geben mehr Saft, wenn man sie vor dem Auspressen in warmes Wasser legt.

▶ Zitronenschalen S. 88, Zitrusfrüchte S. 89, Zitronen S. 119

Zitronenmelisse

... aromatisiert nicht nur Süßspeisen, sondern verleiht auch Salaten, Dips, Fleisch- und Eierspeisen ein frisches Aroma.

Aus den frischen Blättern der Zitronenmelisse kann man einen köstlichen, erfrischenden Tee bereiten: Die Blätter mit kochendem Wasser übergießen und etwa 10 Minuten ziehen lassen.

▶ Schokoladenblättchen S. 100

Zwiebeln

... schneiden kann man auch ohne Tränenvergießen: Die Zwiebeln vor dem Schneiden einige Zeit unter fließend kaltes Wasser halten oder etwa 1 Stunde ins Gefrierfach legen. Auch, wenn man sie immer mit einem scharfen Küchenmesser schneidet, werden die Zellen nicht gequetscht und so werden weniger ätherische Öle freigesetzt, die die Augen reizen.

... bräunen beim Anbraten schneller, wenn man sie mit etwas Paprikapulver bestreut.

... kann man in ein wenig Fett dämpfen, bis sie glasig sind oder kurz in kochendem Wasser blanchieren, wenn man einen eher milden Zwiebelgeschmack bevorzugt.

... würzen je nach Sorte unterschiedlich. Braunschalige Zwiebeln zum Dünsten, Rösten, Schmoren und für Zwiebelsuppe verwenden, rote Zwiebeln für Salate und Rohkost. Die milden, weißen Zwiebeln und Gemüsezwiebeln kann man roh essen.

Zwiebelringe werden braun und knusprig, wenn man sie mit Mehl bestäubt und im Fett schwimmend brät.

▶ Zwiebeln S. 120, Anschwitzen S. 121

Safran macht den Kuchen gel

Teiggrundrezepte

»Backe, backe Kuchen« – während die Herausforderung, aus Sand, Lehm und Pfützenwasser köstliche Torten zu produzieren, spielerisch umgesetzt wurde, trauen sich viele Ungeübte das »richtige« Backen nicht zu. Dabei gelingen die meisten Teige (fast) problemlos. Tipps und Tricks für besonders gute Backergebnisse finden Sie auf den folgenden Seiten. Nachfolgend und komprimiert verraten wir die Basics der Grundteigzubereitung.

Rührteig

Gelinggarantie: Fett und Zucker verrühren, bis sich der Zucker gelöst hat – 5–15 Min.
Basisrezept: 250 g Butter oder Margarine, 250 g Zucker, 1 Päckchen Vanillezucker, 4 Eier, 500 g Mehl, 1 Päckchen Backpulver, evtl. etwas Milch
Zubereitung: Fett, Zucker und Vanillezucker verrühren, bis sich der Zucker gelöst hat. Die Eier einzeln unterrühren. Mehl und Backpulver mischen und portionsweise, aber zügig unter den Teig rühren. Eventuell bis zu 4 EL Milch zugeben, der Teig muss »reißend« vom Löffel fallen. Sofort backen.

Mürbeteig

Gelinggarantie: 1 Teil Zucker + 2 Teile Butter + 3 Teile Mehl, kühlschrankkalte Zutaten und zügiges Arbeiten.
Basisrezept (für 1 Springform, 26 cm ∅): 250 g Mehl, 1 Prise Salz, 1 Ei, 60 g Zucker, 125 g Butter
Zubereitung: Mehl und Salz in einer Schüssel mischen, Ei und Zucker in die Mitte geben und die Butter in Flöckchen rundherum verteilen. Mit den Knethaken des Handrührgeräts gerade so lange verkneten, bis die Krümelmasse zu einem glatten Teig wird. In Klarsichtfolie wickeln, mindestens 30 Minuten im Kühlschrank ruhen lassen, backen.

Biskuit

Gelinggarantie: Frische Eier, gesiebtes Mehl, schnelles Arbeiten, Teig sofort backen.
Basiszutaten (für 1 Springform, 26 cm ∅): 4 Eier, 150 g Zucker, 125 g Mehl, 75 g Speisestärke, 2 TL Backpulver
Zubereitung: Die Eier trennen. Die Eiweiße steif schlagen, während man den Zucker nach und nach einrieseln lässt,cremig rühren. Die 4 Eigelbe zügig unterrühren. Mehl, Speisestärke und Backpulver mischen, auf den Eischnee sieben und mit einem Schneebesen unterziehen, nicht rühren. Sofort backen.

Hefeteig

Gelinggarantie: Keine Zugluft, ein warmes Plätzchen zum Aufgehen, alle Zutaten haben Zimmertemperatur.
Basisrezept, süß (für 1 Blech): 500 g Mehl, 1 Pck. Trockenhefe, 40 g Zucker, 200 ml lauwarme Milch, 50 g weiche Butter oder Margarine, 1 Prise Salz
Zubereitung: Mehl in eine Schüssel sieben, eine Mulde hineindrücken. Hefe mit Zucker und Milch verrühren, in die Mulde gießen und mit wenig Mehl glatt rühren. Fett und Salz hinzufügen und zügig kneten, bis der Teig nicht mehr an den Händen klebt. Zugedeckt 30 Minuten gehen lassen. Erneut durchkneten, formen, backen.

Besonders clever!

*Geschälte **Apfelspalten** für Kuchen sollen meist in Zitronensaft eingelegt werden, damit sie nicht braun werden. Viel preiswerter und genauso effektiv ist es, sie in Salzwasser zu legen. Bevor man die Äpfel auf dem Teig verteilt, diese einfach kurz unter kaltem Wasser abspülen und trocken tupfen.*

Alkohol

... verdampft aufgrund der Hitze während des Backens größten Teils, nur das Aroma bleibt im Teig voll erhalten.

... in Teigen fungiert auch als Triebmittel. Wenn man den Alkohol durch eine andere Flüssigkeit ersetzt, muss man dem Teig zusätzlich auch Backpulver oder Hefe hinzufügen.

... kann man durch andere Aromen ersetzen: Rot- oder Weißwein durch die entsprechende Menge Traubensaft. Amaretto durch Mandelsirup oder 3–4 Tropfen Bittermandel-Aroma.

▶ Backpulver S. 60, Rosinen S. 80, Rührteig S. 81, Rum S. 83

Apfelkuchen

... gart besonders saftig, wenn man ihn während der letzten 15 Minuten der Backzeit mit einem Stück Backpapier abdeckt, das man zuvor dünn mit Butter bestreicht.

... jeglicher Art weicht nicht durch, wenn man die gedünsteten Früchte mit 2 Päckchen Vanillesoße (Instant) mischt.

▶ Tarte Tatin S. 85, Apfelkuchen S. 92

Apfelspalten

... auf Blechkuchen sind am Ende der Backzeit manchmal noch recht knackig. Wenn man 1 Tasse heißes Wasser in den Backofen stellt und den Kuchen noch einige Minuten bei schwacher Hitze nachgart, werden sie im entstehenden Wasserdampf weich.

Ausrollen von Teigen

... erleichtert man sich, wenn man etwas Öl statt Mehl auf das Nudelholz gibt. Außerdem bekommt der Teig so keinen trockenen Mehlfilm.

Hefe- und Mürbeteig lassen sich leichter ausrollen, wenn man sie zwischen zwei Lagen Frischhaltefolie gibt.

▶ Blätterteig S. 62, Mürbeteig S. 76, Quark-Öl-Teig S. 80, Strudelteig S. 85

Backformen

... vor dem Einfüllen des Teiges dünn mit zerlassener Butter oder Margarine fetten. Kastenformen mit Backpapier auslegen.

... oder Auflaufformen immer dünn mit Butter oder Margarine einfetten, nicht mit Öl oder Kokosfett. Letztere bilden beim Backen einen festen Film, der das Anbrennen nicht verhindert und sich nur schwer entfernen lässt.

... kann man gleichmäßig und dünn einfetten, wenn man sie während der Vorheizphase im Backofen erwärmt. Eventuell das geschmolzene Fett mit Hilfe eines Backpinsels verstreichen.

... kann man nach dem Fetten dünn mit Kakaopulver, Semmelbröseln, Kokosflocken, gemahlenen Nüssen oder Saaten ausstreuen.

... lösen sich nach dem Backen ganz leicht vom Kuchen, wenn man sie nach dem Einfetten für etwa 30 Minuten ins Gefrierfach stellt und dann erst den Teig einfüllt.

... sollte man im Backofen immer auf einen Rost, nie auf ein Backblech stellen, damit der Teig an der Unterseite nicht verbrennt.

▶ Backpapier S. 60, Kranzkuchen S. 74, Mürbeteig S. 76, Semmelbrösel S. 83, Tortenböden S. 86

Besonders clever!

*Die Temperatur in einem überhitzten **Backofen** lässt sich relativ schnell senken: Die gewünschte Temperatur einstellen und eine mit Wasser gefüllte feuerfeste Schale in den Backofen stellen. Durch den aufsteigenden Dampf kühlt der Backofen innerhalb weniger Minuten ab.*

Backofen

Hohe Kuchen und Torten in der Backform auf einem Rost auf der unteren Einschubleiste des Backofens backen. Flache Kuchen wie Blechkuchen auf der mittleren und Kleingebäck auf der oberen Einschubleiste.

Bei 100–120° trocknet man Gebäck. Bei 170° werden Torten mit empfindlichem Belag, bei 170–190° Rühr-, Biskuit- und Sandkuchen, bei 200° Blechkuchen mit Belag sowie Brandteig gebacken. Kleingebäck und Blätterteig backen bei 200–225° und Gebäck, das starke Hitze verträgt (z. B. Pizza), bei 200–250°.

Backpapier

... für eine Kastenform schneidet man so zu, dass es 2–3 cm übersteht. So kann man den Kuchen nach dem Backen zum Abkühlen aus der Form heben, ohne ihn zu stürzen.

... rollt sich auf Blechen nicht auf, wenn man die Ecken mit kleinen Butterflöckchen »anklebt«.

Besonders clever!

***Backpulver,** dick auf eine Ameisenstraße gestreut, vertreibt die Ameisen.*
*Außerdem kann es Schmutzränder auf **Mantelkragen** entfernen: Aufstreuen, 1 Stunde einwirken lassen und abbürsten.*
*Und **Thermoskannen** verhilft das Multitalent zu neuem Glanz: 1 Päckchen Backpulver in die Kanne geben, mit kochendem Wasser aufgießen, einwirken lassen und mit kaltem Wasser ausspülen.*

Backpulver

... immer mit dem Mehl mischen, dann erst in den Teig rühren.

... kann man durch 3–4 EL Rum ersetzen. Diese Alternative ist auch praktisch, wenn man vegessen hat, dem Teig Backpulver zuzufügen, da man den Rum auch nachträglich unterrühren kann, Backpulver nicht.

Baiserböden

... gehen besonders schön auf, wenn man ein wenig Backpulver unter das Eiweiß zieht und den Zucker nach und nach in den halbfesten Eischnee einrieseln lässt.

... am besten auf Backpapier oder Alufolie trocknen. Das Gebäck kann man davon leicht lösen, ohne es zu zerbrechen.

... trocknet man bei schwacher Hitze – etwa 120° – im Backofen. Um zu vermeiden, dass die Hitze in einem Gasofen zu stark wird, diesen immer mal wieder für kurze Zeit abschalten.

... kann man leichter schneiden, wenn man die Messerklinge zuvor dünn mit etwas Butter oder Öl fettet.

▶ Eischnee S. 66, Baiserhauben S. 92, Eiweißreste S. 109

Beerenfrüchte

... die mitgebacken werden, kann man gefroren in den Teig oder die Füllung geben. So werden sie beim Backen nicht matschig.

▶ Heidelbeeren S. 96, Stachelbeeren S. 101, Tiefgefrorene Früchte S. 101

Biskuit

... wird besonders locker, wenn man die Eier zuvor für etwa 5 Minuten in warmes Wasser legt oder sie im warmen Wasserbad schaumig schlägt.

... erhält ein fruchtiges Aroma, wenn man den Teig mit Orangen- oder Multivitaminsaft statt mit Milch oder Wasser zubereitet.

... fällt nach dem Backen nicht zusammen, wenn man Eigelbe und Zucker so lange miteinander verrührt, bis der Zucker aufgelöst ist. Den Teig dann zügig fertig stellen und sofort backen.

... darf keine Zugluft bekommen. Deshalb die Ofentür während des Backens nicht öffnen.

▶ Biskuit S. 57

Besonders clever!

Biskuitrollen, *die nach dem Backen brechen, kann man zum Schichten von Tiramisu oder für Schichtpudding verwenden.*

Biskuitböden

... die ohne Backpulver zubereitet werden, gehen höher auf, wenn nur der Boden der Springform gefettet wird. Ein Streifen Backpapier am Rand schützt vor dem Anbrennen.

... müssen gut durchgebacken, aber auch noch so geschmeidig sein, dass man sie z. B. in mehrere Böden teilen kann. Wann der Biskuit den perfekten Garzustand erreicht hat, kann man durch leichten Fingerdruck prüfen: Bildet sich zunächst eine Delle, die sich aber sofort wieder nach oben wölbt, ist der Biskuit gar.

... nach dem Backen auf einem Kuchengitter auskühlen lassen, damit der Kuchen nicht »schwitzt« und dadurch trocken und bröselig wird. Das Backpapier zuvor abziehen.

... lassen sich leichter vom Backpapier lösen, wenn man dieses mit etwas kaltem Wasser bestreicht.

... die beim Lösen aus der Springform gebrochen sind, an den Bruchstellen mit etwas Eiweiß bestreichen und den Teig vorsichtig zusammendrücken. Das trocknende Eiweiß wirkt wie Klebstoff.

... lassen sich sehr gleichmäßig in mehrere Böden teilen, wenn man einen Zwirnfaden um den Boden legt und diesen vorne über Kreuz zusammenzieht.

▶ Tortenböden S. 86, Biskuitböden S. 92

Biskuitplatten

... lösen sich leichter vom Blech, wenn man das Backpapier so zuschneidet, dass es auch den Rand des Backbleches bedeckt. Das Papier nach dem Backen sofort abziehen.

... für Biskuitrollen brechen nicht, wenn man sie sofort nach dem Backen auf ein angefeuchtetes, dünn mit Zucker bestreutes Küchenhandtuch stürzt, das Backpapier abzieht, die Teigplatte samt Tuch aufrollt und abkühlen lässt.

Blätterteig

... aus der Tiefkühltruhe unbedingt bei Zimmertemperatur auftauen lassen. Werden die Platten aus Zeitmangel in der Mikrowelle oder im Backofen aufgetaut, geht der Teig beim Backen nicht so blättrig auf.

... immer gleichmäßig in alle Richtungen ausrollen, damit er sich beim Backen nicht so stark zusammenzieht.

... zerläuft nicht, wenn man ihn vor dem Backen etwa 30 Minuten kühl stellt. Rasch verarbeiten, damit er nicht warm wird. Zusätzlich hilfreich ist, wenn man ihn mit einer Flasche ausrollt, die mit eiskaltem Wasser gefüllt ist.

... für Kleingebäck vor dem Backen mit kaltem Wasser bestreichen. Der Teig wird luftiger und blättriger.

... wird besonders fein, wenn man während des Ausrollens einige Butterflöckchen zwischen die aufgetauten Platten arbeitet.

... nicht dünner als 5 mm ausrollen, sonst klebt er zusammen statt blättrig und luftig zu werden.

Besonders clever!

***Blätterteigreste** auf keinen Fall verkneten, sondern übereinander legen und erneut ausrollen. So werden die Teigschichten nicht zerstört und das Gebäck geht schön blättrig auf.*

Besonders clever!

***Blätterteigböden** für Schichttorten schneidet man erst nach dem Backen in die richtige Größe: Einen Tortenring auflegen und mit einem scharfen Messer am inneren Rand entlang fahren. Auf diese Weise erhalten alle Böden den gleichen Durchmesser und lassen sich besser aufeinander stapeln.*

... wird besonders schön, wenn man ihn vor dem Backen mit Eigelb bestreicht. Damit kein Eigelb in das Gebäck fließt und die einzelnen Blätterteig-Schichten verklebt, nur die Oberfläche, nicht die Kanten bestreichen.

... vor dem Backen mehrfach einstechen.

... zieht sich beim Backen immer ein wenig zusammen. Wenn man z. B. Blätterteigböden für eine Schichttorte backen will, diese immer mit etwas größerem Durchmesser ausrollen, als die fertige Torte haben wird.

Torten mit Blätterteigboden lassen sich mit Hilfe eines Elektromessers einfach schneiden und brechen nicht so schnell.

▶ Ausrollen von Teigen S. 58, Backofen S. 59, Tarte Tatin S. 85

Blechkuchen

... lösen sich viel leichter vom Blech, wenn man dieses nach dem Backen auf ein feuchtes, kaltes Tuch stellt.

▶ Apfelspalten S. 58, Backofen S. 59, Hefeteig S. 70, Mohnkuchen S. 76, Obstkuchen S. 78

Blindbacken

... soll verhindern, dass der Boden sich wölbt und wird in der Regel bei Mürbeteigen angewandt. Der Teig wird in die Form gedrückt, mit Back- oder Pergamentpapier und anschließend etwa 1 cm hoch mit getrockneten Hülsenfrüchten bedeckt. Etwa 15 Minuten vorbacken, dann werden die Hülsenfrüchte wieder entfernt und die Füllung auf dem Boden verteilt. Wenn die Hülsenfrüchte trocken gelagert werden, kann man sie mehrfach verwenden.

... eines Käsekuchen-Bodens ist zeitraubend. Aber man kann darauf verzichten: Den Mürbeteigboden zunächst mehrmals mit einer Gabel einstechen, die Füllung darauf verteilen und so lange backen, wie im Rezept insgesamt angegeben.

Besonders clever!

***Brandteigreste** kann man einfach als linsengroße Bällchen auf dem Blech mitbacken. Schön zum Verzieren von Torten oder als Einlage in Suppen.*

Brandteig

... kann man ungebacken einfrieren. Vor Verarbeitung bei Zimmertemperatur auftauen lassen oder etwa 5 Minuten im vorgeheizten Backofen erwärmen.

... erhält während des Backens eine besonders knusprige und goldgelbe Kruste, wenn der Teig mit gleichen Teilen Wasser und Milch zubereitet wird.

... wird besonders luftig und locker, wenn man das Blech vor dem Backen mit etwas Wasser besprüht. Das Wasser verdampft im heißen Backofen und fördert das Aufgehen des Teiges.

... fällt nach dem Backen nicht zusammen, wenn man während des Backens den Backofen geschlossen hält.

▶ Windbeutel S. 88

Brot

... kann man prima in Keks- oder Konservendosen backen: Den Teig in dünn gefettete Dosen füllen und wie gewohnt im Backofen backen.

... muss nach dem Backen auf einem Kuchengitter vollständig auskühlen, bevor man es in den Brotkasten legt. Sonst bildet sich Kondenswasser, das die Schimmelbildung fördert.

... bekommt eine wunderbar knusprige Kruste, wenn man 1 Eiweiß und 1 EL Wasser verquirlt und den geformten Laib vor dem Backen damit bestreicht.

Besonders clever!

***Angeschnittenes Brot** bleibt länger frisch, wenn man den Anschnitt mit einem Stück angefeuchtetem Pergamentpapier bedeckt.*

Brotteig

... gelingt am besten, wenn man Weizenmehl Type 550 oder 1050 verwendet.

... wird während des Aufgehens nicht rissig, wenn man die obere Hälfte der Teigkugel ganz dünn mit zerlassener Butter oder Margarine bestreicht.

Butter

... taut sehr schnell auf, wenn man sie mit der Küchenmaschine oder einer Küchenreibe fein raspelt.

... kann beim Backen prima durch Quark ersetzt werden: Einen Teil der im Rezept angegebenen Butter – maximal die Hälfte – durch die doppelte Menge Quark ersetzen.

... verleiht Kleingebäck ein feineres Aroma, wenn man sie zuvor zerlässt, leicht bräunt, abkühlen lässt und unter den Teig rührt.

... für Rührteige wird besonders schaumig, wenn man sie mit etwas Mehl bestäubt und dann erst schaumig schlägt.

... kann man auch in der Mikrowelle schmelzen, sofern es sich um größere Mengen handelt. Bei 600 Watt schmelzen 125 g Butter in etwa 60 Sekunden.

▶ Rührteig S. 81, Zutatenmaße S. 104

Buttergebäck

... wird schön mürbe, wenn man einige Tropfen Essig unter den Teig knetet und während des Backens ein feuerfestes, mit Wasser gefülltes Schälchen in den Backofen stellt.

▶ Kekse S. 74, Mürbeteig S. 76, Plätzchen S. 79, Zucker S. 89, Kekse S. 112

Eier

... kann man ganz einfach auf Frische testen: Ein Ei, das man in ein mit Wasser gefülltes Glas gibt, sinkt zu Boden, wenn es wirklich frisch ist. Ältere Eier steigen an die Oberfläche. Für die Zubereitung von Speisen mit rohen Eiern ausschließlich sehr frische Eier verwenden.

... kann man einfacher trennen, wenn man einen Trichter verwendet: Das Eiweiß läuft ab, das Eigelb bleibt im Trichter hängen. Dieser Trick funktioniert jedoch nur mit frischen Eiern. Bei älteren Eiern zerläuft das Eigelb.

Besonders clever!

*»**Eischwer**« liest man heute nur noch selten in den Rezeptangaben. Es bedeutet, dass alle Zutaten dem Teig als ein Vielfaches des Eigewichts zugegeben werden. Wenn z. B. auf 1 Ei 1/2 eischwer Butter, 1 eischwer Zucker und 1 eischwer Mehl kommen, so müssen die Eier zu Beginn gewogen werden, dann können Butter, Zucker und Mehl anschließend dem Gewichtsanteil entsprechend hinzugefügt werden.*

... kann man leichter trennen, wenn sie direkt aus dem Kühlschrank kommen. Für das Gelingen eines Teiges – mit Ausnahme von Mürbeteig – sollten die Eier jedoch Zimmertemperatur haben.

... schlägt man immer separat in einer Tasse auf. So ruiniert ein verdorbenes Exemplar nicht den ganzen Teig.

... kann man schneller schaumig schlagen, wenn man pro Ei 1 EL Mineralwasser hinzufügt.

Hat man 1 Ei weniger, als im Rezept angegeben, kann man dieses durch 1 EL neutralen Essig, z. B. Apfelessig, ersetzen.
▶ Eier S. 21, Eier S. 109

Eigelb

... zum Bestreichen von Hefegebäck lässt sich einfacher auftragen, wenn man es mit etwas Wasser und 1 Prise Salz verquirlt.

... immer mit wenigen Tropfen Essig schaumig schlagen. Dadurch wird der Kuchenteig schön locker, das Essigaroma überträgt sich nicht.
▶ Eier S. 21, Eier S. 65, Hefegebäck S. 70, Eigelbreste S. 109

Eischnee

... wird besonders fest, wenn Schüssel und Schneebesen gut gekühlt und absolut fettfrei sind.

... wird luftiger und fester, wenn man ihn zunächst auf niedriger Stufe schaumig und dann auf höchster Stufe steif schlägt.

... wird fester, wenn man 1 Msp. fein zerstoßene Zitronensäure (aus der Apotheke) hinzufügt. Alternativ kann man auch einige Tropfen Zitronensaft oder Apfelessig verwenden.

... wird fester, wenn man den Zucker beim Schlagen portionsweise einrieseln lässt.

... kann man zu doppeltem Volumen aufschlagen, wenn man 1 EL lauwarmes Wasser pro Ei oder insgesamt 1 Prise Natron zufügt.

... nie zu lange schlagen, da er sonst wieder zusammenfällt.

... bleibt viel länger fest, wenn man das Eiweiß mit 1 Msp. Speisestärke steif schlägt.

... für Baisers darf nicht zu lange geschlagen werden. Der Eischnee ist perfekt, wenn der Zucker nicht mehr knirscht und sich beim Herausziehen am Schneebesen steife Eiweißspitzen bilden.

... den man nicht sofort weiter verarbeitet, kann man zugedeckt im Kühlschrank aufbewahren. Vor Verwendung noch einmal kurz aufschlagen.

Beim Trennen der Eier sorgfältig darauf achten, dass kein Tröpfchen Eigelb ins Eiweiß läuft. Sonst kann man das Eiweiß stundenlang schlagen, ohne dass es fest wird.

Wegen der Salmonellengefahr sollte man Eigelbreste im Eiweiß nie mit der Eischale entfernen, sondern einen scharfkantigen Esslöffel verwenden.

▶ Eier S. 21, Baiserböden S. 60, Eier S. 65, Baiserhauben S. 92, Eiweißreste S. 109

Besonders clever!

*Ist das **Ei roh oder gekocht?** Ein einfacher Test gibt Aufschluss. Das Ei auf einer ebenen Fläche kreiseln lassen: Ist das Ei roh, gerät es ins Trudeln, da sich der schwerere Dotter im Inneren hin und her bewegt. Gekochte Eier drehen sich gleichmäßig.*

Fettgebackenes

... wird besonders locker, wenn man für den Teig nur die Eigelbe statt ganzer Eier verwendet. Durch die Zugabe von Eiweiß wird der Teig hingegen trocken.

... immer in gut erhitztem Frittierfett – bei 180° – ausbacken. Die Oberfläche des Teiges schließt sich dann schneller und das Gebäck ist deutlich kalorienärmer, weil es sich nicht mit Fett vollsaugt.

▶ Frittierfett S. 25

Garprobe

Mit Hilfe eines Holzstäbchens kann man prüfen, ob der Kuchen durchgebacken ist: Das Stäbchen an der dicksten Stelle des Kuchens einstechen, vorsichtig drehen und wieder herausziehen. Wenn keine Krümel daran haften, ist der Kuchen gar.

Manche Backöfen backen schwächer, andere stärker. Wer aus Erfahrung Backzeit zugibt, sollte sich dennoch eng an die vorgegebene Backzeit halten: Manche Teige, z. B. Mürbeteige sowie viele Plätzchenteige, trocknen nach dem Backen nach. Sie werden in noch relativ weichem Zustand aus dem Backofen genommen.

Gewürze

Die gängigsten Gewürze in Backrezepten sind:

Ingwer – scharf-würziges und zitroniges Aroma, wird frisch oder als Pulver verwendet.

Sternanis – lakritzähnliches Aroma, feiner und etwas bitterer als Anis. Sehr sparsam verwenden. Passt hervorragend in die Weihnachtsbäckerei.

Kardamon – süßlich-scharfes und schwach bitteres Aroma. Zerstoßen für Tees, Obstsalate und Weihnachtsgebäck.

Koriander – süßliches, mild-würziges Aroma. Ein typisches Gewürz der Weihnachtsbäckerei.

Kurkuma – auch Gelbwurz genannt, verleiht Cremes und Puddings eine schöne gelbe Farbe.

Safran – das teuerste Gewürz der Welt, schmeckt leicht nach Honig, ist aber etwas bitter. Färbt Kuchen schön gelb.

Zimt – süßlich-feuriges Aroma. Als Pulver oder Stangenzimt erhältlich. Wird gerne verwendet, um Tees, Kuchen oder Gebäck eine winterliche Note zu verleihen.

Besonders clever!

Frühstücksbrötchen *aus Hefeteig werden schön luftig und feinporig, wenn man den Teig schon am Vorabend knetet, gehen lässt und formt. Über Nacht im Kühlschrank ruhen lassen. Am nächsten Morgen dann direkt backen.*

Guglhupf

... erhält ein saftigeres Aroma, wenn man ihn z. B. mit Rosinen, Orangeat oder Zitronat anreichert, die zuvor 30 Minuten in Rum oder Weinbrand gequollen sind. Gut abtropfen lassen.

... muss nach dem Backen 30–60 Minuten in der Form abkühlen, bevor man ihn zum Auskühlen auf ein Kuchengitter stürzen kann.

▶ Rührteig S. 57, Backofen S. 59, Backpulver S. 60, Butter S. 65, Mehl S. 75, Rührteig S. 81

Hefe

... unmittelbar nach dem Einkauf wieder gut kühlen.

... verliert mit der Zeit ihre Triebkraft. Frische Hefe erkennt man an ihrer hellbraunen, leicht ins Rosa gehenden Farbe. Sie riecht angenehm frisch und bricht schieferartig auseinander.

... kann man auf ihre Triebkraft prüfen: Etwas Hefe in ein Glas heißes Wasser geben. Steigt die Hefe sofort nach oben, kann man sie bedenkenlos verwenden.

... kann man, wenn sie ganz frisch ist, auch einfrieren. Die Hefe ist nach dem Auftauen leicht breiig, büßt aber nichts von ihrer Triebkraft ein. Wie gewohnt mit Milch und Zucker anrühren und verarbeiten.

... sollte während der Verarbeitung nicht mit Salz in Kontakt kommen, sonst geht der Teig nicht gut auf.

... immer zunächst mit lauwarmer (nicht heißer!) Milch, etwas Zucker und wenig Mehl zu einem Vorteig verrühren. Diesen 10 Minuten an einem warmen Ort gehen lassen, erst dann mit den restlichen Zutaten zu einem geschmeidigen Teig verkneten, diesen wiederum gehen lassen, formen und backen.

... kann man durch Trockenhefe ersetzen. Die Zubereitung des Teiges geht dann schneller und einfacher.

Besonders clever!

***Hefe** braucht Wärme – optimal rund 37° – damit die Hefekulturen arbeiten können. Dafür z. B. den Backofen auf 50° vorheizen, abschalten und den Vor- und Hauptteig zugedeckt darin gehen lassen.*

Besonders clever!

***Hefeteigböden** für Obstkuchen weichen nicht durch, wenn man den Hefeteig vor dem Belegen mit verquirltem Eiweiß bestreicht und dünn mit Semmelbröseln oder fein zerkrümelten Löffelbiskuits bestreut.*

Hefegebäck

... gelingt besonders gut, wenn der Teig mit wenig Butter zubereitet und anschließend über Nacht eingefroren wird. Am nächsten Morgen bei Zimmertemperatur auftauen und aufgehen lassen.

... bekommt eine herrlich goldgelbe Farbe, wenn man das Mehl mit einem Päckchen Vanille-Puddingpulver verrührt.

... wird bekömmlicher, wenn man den Teig mit etwas frisch geriebenem Ingwer verknetet.

... oder Kekse kann man vor dem Backen mit Sahne oder Kondensmilch statt Eigelb bestreichen, um Eiweißreste zu vermeiden.

Hefeteig

... »krabbelt« nicht an den Knethaken hoch, wenn man diese zuvor dünn mit Öl einfettet.

... wird besonders geschmeidig, wenn er reichlich Fett enthält. Butter oder Öl allerdings immer erst dann unterkneten, wenn die Hefe bereits im Vorteig gegangen ist.

... wird besonders locker, wenn man den Teig mit Schweineschmalz statt Butter zubereitet.

... wird besonders locker, wenn man pro 500 Gramm Mehl 2 geriebene, rohe Kartoffeln unter den Teig knetet. Diesen dann wie gewohnt weiterverarbeiten.

... bleibt länger frisch, wenn man für die Zubereitung Kefir statt Milch verwendet.

... geht schneller auf, wenn man ihn zum Aufgehen in eine große Plastikschüssel mit festschließendem Deckel gibt und diese in ein heißes Wasserbad stellt. Wenn sich der Deckel wölbt, kann der Hefeteig weiterverarbeitet werden.

Besonders clever!

***Hefeteigreste** kann man etwa eine Woche im Kühlschrank aufbewahren, wenn man sie in ein sauberes Schraubdeckelglas gibt und mit einer dünnen Schicht Mehl bestäubt.*

... kann man auch im warmen Backofen aufgehen lassen – allerdings nur bei Temperaturen bis maximal 50°. Aufgrund der Wärme verdoppelt der Teig sein Volumen in nur 10–15 Minuten.

... der nicht aufgehen will, kann man mit Backpulver bestreuen, erneut kräftig durchkneten und dann sofort backen. Durch die Ofenhitze entwickelt das Backpulver seine Triebkraft, und der Kuchen wird schön luftig.

... den man zu lange aufgehen lässt, fällt beim Backen meist zusammen. Den Teig deswegen immer zügig weiterverarbeiten, sobald er sein Volumen verdoppelt hat.

... muss nach dem Formen noch einmal so lange gehen, bis sich die geformten Teigstücke luftig locker anfühlen und eine stumpf wirkende Oberfläche haben. Ruht der Teig länger, fällt er nach dem Backen wieder in sich zusammen.

... direkt auf dem Blech ausrollen. Das geht besonders einfach, wenn man den Teig zu einer Rolle oder einem Rechteck formt.

... lässt sich auch prima zwischen zwei Lagen Backpapier ausrollen. Dann kann man ihn anschließend direkt auf das Blech ziehen.

Besonders clever!

***Butterschmalz** eignet sich hervorragend zum Backen. Wenn man es statt der teureren Butter einsetzt, muss man die im Rezept angegebene Fettmenge um 15 Prozent reduzieren. da Schmalz weniger Wasser enthält als Butter oder Margarine.*

Eine Grundvoraussetzung für das Gelingen eines Hefeteigs ist, dass alle Zutaten Zimmertemperatur haben. Flüssige Zutaten wie Wasser, Milch oder Butter gibt man immer lauwarm, nicht heiß, hinzu, da der Teig sonst nicht mehr aufgeht. Falls Eier verwendet werden, diese rechtzeitig aus dem Kühlschrank nehmen.

Die flüssige Butter immer als letzte Zutat dem Teig hinzufügen. Denn die Hefe sollte keinen direkten Kontakt mit dem Fett haben. Andernfalls können die Hefezellen von der Butter umhüllt werden und dadurch ihre Triebkraft einbüßen.

▶ Hefeteig S. 57, Ausrollen von Teigen S. 58, Blechkuchen S. 63, Hefe S. 69, Hefe S. 110, Teigreste S. 118

Besonders clever!

*Wenn **Milch** überkocht, hinterlässt das hässliche und hartnäckige Verkrustungen. Wenn man die noch heiße Herdplatte mit ein paar Essigtropfen benetzt, sind sie leichter zu entfernen.*

Hefe-Nuss-Zopf

... sieht besonders schön aus, wenn man den Teig ausrollt, mit der Nussmasse bestreicht, wieder aufrollt, halbiert und die beiden Teigstränge umeinander flechtet.

... entwickelt während des Backens eine appetitlich glänzende Oberfläche, wenn man den Zopf zuvor dünn mit Milch bestreicht.

▶ Hefeteig S. 70, Mandel- und Nusskerne S. 98

Hirschhornsalz

... ist ein traditionelles Triebmittel in der Lebkuchen- und Honigbäckerei. Es lockert den Teig und lässt ihn in die Breite gehen.

▶ Lebkuchenteig S. 74, Pottasche S. 80

Hörnchen

... aus Hefe- oder Quark-Öl-Teig lassen sich besonders gleichmäßig formen, wenn man den Teig zu einer runden Platte ausrollt und anschließend in »Tortenstücke« schneidet. Die einzelnen Dreiecke dann aufrollen und zurechtbiegen.

▶ Hefeteig S. 70, Quark-Öl-Teig S.80

Honig

... bleibt nicht am Löffel kleben, wenn man den Metalllöffel zuvor kurz in heißes Wasser oder in neutrales Speiseöl taucht. Um größere Mengen Honig abzumessen, den Messbecher zuvor ebenfalls dünn mit Öl ausstreichen.

... kann beim Backen den Zucker ersetzen: Die für den Zucker angegebene Menge dann allerdings um ein Viertel erhöhen, also z. B. 125 g Honig statt 100 g Zucker verwenden.

... wird wieder streichfähig und bleibt es dauerhaft, wenn man ihn mit etwas Butter erwärmt und in ein Schraubdeckelglas füllt.

Käsekuchen

... wird herrlich luftig, wenn man etwas geschlagene Sahne unter die Quarkmasse hebt.

... wird besonders locker, wenn man den Quark vor der Zubereitung durch ein feines Sieb streicht.

... kann man mit Dörrobst statt mit Rosinen füllen. Man kann die Trockenfrüchte auch aromatisieren, indem man sie über Nacht in Rum oder Cognac einweicht.

... fällt nicht zusammen, wenn man ihn mit Gelierzucker statt normalem Haushaltszucker zubereitet.

... fällt nach dem Backen nicht zusammen, wenn man Schichtkäse statt Quark verwendet. Bei Schichtkäse-Füllung sollte man den Kuchen im Backofen auskühlen lassen.

... fällt nach dem Backen nicht zusammen, wenn man ihn nach der Hälfte der Backzeit aus dem Backofen nimmt und den Teigrand mit einem spitzen Messer von der Form löst. Dadurch kann heiße Luft besser entweichen. Den Kuchen anschließend 5 Minuten ruhen lassen, erst dann fertig backen.

... fällt nach dem Backen nicht zusammen, wenn man während des Backens ein oder zwei Makkaroni senkrecht in die Füllung steckt, damit der Dampf entweichen kann.

... fällt nicht zusammen, wenn man ihn nach dem Backen 5–10 Minuten im ausgeschalteten Backofen ruhen lässt.

... erhält eine goldgelbe Oberfläche, wenn man ihn 10 Minuten vor Ende der Backzeit dünn mit lauwarmer, gezuckerter Milch bestreicht.

Tiefgefrorenen Käsekuchen immer langsam im Kühlschrank auftauen lassen. Das dauert zwar länger als bei Zimmertemperatur, aber der Kuchen bleibt schön cremig.

▶ Mürbeteig S. 57, Ausrollen von Teigen S. 58, Blindbacken S. 63, Garprobe S. 68, Kakao S. 74, Mascarpone S. 75, Mürbeteig S. 77, Quark S. 99

Besonders clever!

Kuchen- und Tortenböden, *die sich nur schwer vom Springformboden lösen lassen, kann man mit Hilfe eines Zwirnfadens lösen, den man zwischen Blech und Boden entlangzieht.*

Besonders clever!

***Kakaoflecken** in Textilien lassen sich leichter entfernen, wenn man sie mit feuchter Kern- oder Gallseife einreibt, diese etwas einwirken lässt und dann gut ausspült. Bei älteren Flecken kann man das Kleidungsstück mit Glyzerin betupfen, in kaltem Wasser einweichen und anschließend lauwarm auswaschen.*

Kakao

… kann einen Teil des Mehls für einen Mürbeteigboden ersetzen. Dieser erhält ein interessantes Aroma und bildet besonders zu hellen Belägen einen schönen farblichen Kontrast.

… entwickelt ein besonderes Aroma, wenn man ihn zusammen mit einer aufgeschnittenen Vanilleschote lagert.

▶ Schokoladenkuchen S. 83, Kuvertüre S. 97, Zutatenmaße S. 105

Kastenkuchen

… verbrennen nicht so leicht, wenn man ein Backblech in die Schiene darüber schiebt, um die Oberhitze zu reduzieren.

▶ Backofen S. 59, Backpapier S. 60

Kekse

… die hart geworden sind, werden wieder schön weich, wenn man sie kurz in Milch taucht und auf einem gefetteten Backblech für 5 Minuten bei etwa 100° aufbäckt.

▶ Plätzchen S. 79, Kuchen- und Keksreste S. 97, Kekse S. 112

Kokosmakronen

… zerbrechen nicht, wenn man sie auf dem Backblech auskühlen lässt und erst dann herunternimmt.

Kranzkuchen

… kann man auch in der Springform backen: In die Mitte der Form eine saubere Konservendose stellen, diese mit getrockneten Hülsenfrüchten füllen, dann den Teig in der Form verteilen. Das Gewicht der Hülsenfrüchte verhindert, dass die Dose verrutscht.

Lebkuchenteig

… ist ziemlich klebrig. Um das Ausrollen zu erleichtern, die Arbeitsfläche und den Teig zuvor mit Klarsichtfolie abdecken.

… kann auch mit Glühweingewürz statt mit Lebkuchengewürz zubereitet werden.

Besonders clever!

***Vanilleschoten** vertreiben Silberfischchen: Einfach einige Stangen auslegen und die ungeliebten »Mitbewohner« verziehen sich.*

... bereitet man mit Hirschhornsalz zu, wenn er in die Breite gehen soll. Soll er hingegen in die Höhe gehen, verwendet man Pottasche.

▶ Hirschhornsalz S. 72, Pottasche S. 80

Marmorkuchen

... erhält ein kräftigeres Aroma, wenn man Nuss-Nougat-Creme statt Kakaopulver unter den Teig mischt. Dann aber weniger Milch zugeben, da die Creme während des Backens Flüssigkeit an den Teig abgibt.

... bekommt eine feine Fruchtnote und bleibt länger frisch, wenn man den dunklen Teig mit 1–2 EL Preiselbeerkonfitüre verrührt.

▶ Rührteig S. 81, Marmorkuchen S. 98

Mascarpone

... in Käsekuchen kann man durch die gleiche Menge einer Mischung von Sahnequark und Crème fraîche im Verhältnis 1:1 ersetzen.

Mehl

... Type 405 kann man bis zu zwei Drittel durch Vollkornmehl ersetzen. Allerdings muss man je nach Konsistenz des Teiges unbedingt die Flüssigkeitsmenge entsprechend erhöhen: Den Teig vor dem Backen 15 Minuten quellen lassen und eventuell noch etwas Flüssigkeit unterrühren, wenn er zu fest ist.

... Type 1050 ist am besten zum Backen geeignet. Man kann es problemlos im Verhältnis 1:1 gegen das in den meisten Rezepten angegebene Weizenmehl Type 405 austauschen. Für Brot und Brötchenteige am besten Weizenmehl Type 550 verwenden.

... mit unterschiedlichem Ausmahlungsgrad – angegeben durch die Typezahl, Vollkornmehle oder Mehle aus unterschiedlichen Getreiden können nicht beliebig untereinander ausgetauscht werden, da sich ihre Backeigenschaften erheblich unterscheiden.

Nach Mehlzugabe sollte ein Teig nicht mehr lange gerührt werden, da der Kuchen nach dem Backen sonst sehr fest wird.

▶ Brotteig S. 64, Rührteig S. 81, Zutatenmaße S. 105

Mohn

... sollte man immer erst kurz vor der Verwendung in der benötigten Menge mahlen. Da Mohn sehr fetthaltig ist, wird er schnell ranzig.

... lässt sich leichter mahlen und verklebt die Mühle nicht, wenn man ihn zuvor kurz im Eisfach kühlt. Reste können problemlos bis zu 3 Monaten im Eisfach aufbewahrt werden.

... schmeckt besonders intensiv, wenn man ihn vor Verwendung kurz in einer Pfanne anröstet.

Häufig wird im Rezept nicht angegeben, dass Mohn vor der Verwendung gemahlen werden muss. Das Mahlen ist nicht nötig, wenn er zum Bestreuen verwendet wird.

Mohnkuchen

... kann man beliebig verfeinern. Ein reiner Mohnkuchen vom Blech wird z. B. durch Zugabe von passiertem Apfelmus saftiger. Ist die Mohnmasse als Füllung gedacht, bekommt der Kuchen ein herberes Aroma, wenn man geriebene Schokolade unterhebt.

... wird schön locker, wenn man einige Löffel gemahlenen Zwieback unter den Teig rührt.

Mürbeteig

... basiert immer auf der »Zutatenformel« 1+2+3: Die Zutaten stehen im Mengenverhältnis 1 Teil Zucker plus 2 Teile Butter plus 3 Teile Mehl.

... kann man mühelos ausrollen, wenn man das Nudelholz zuvor ins Gefrierfach des Kühlschranks legt und die Arbeitsplatte großzügig mit Mehl bestäubt.

Besonders clever!

*Aus **mehligen Äpfeln** kann man feine Tartes herstellen: Die Früchte in Spalten schneiden, eine Tarte-Form damit auslegen, mit Zucker bestreuen und im Backofen karamellisieren lassen. Heraus nehmen, mit Mürbeteig bedecken und goldbraun backen.*

... gelingt garantiert, wenn die Zutaten bei der Verarbeitung alle sehr kalt sind. Ist der Teig zu warm, wird er ölig. In diesem Fall etwas kaltes Wasser unterkneten, auf keinen Fall Mehl zufügen.

... gelingt besonders gut, wenn man 1 TL Backpulver unterknetet.

... bekommt eine schöne goldgelbe Farbe und ein besonderes Aroma, wenn man 2–3 EL Eierlikör unterknetet.

... mit Eiern wird besonders zart, wenn man diese mit einigen Tropfen Zitronensaft verquirlt, bevor man sie zum Teig gibt.

... der direkt aus dem Kühlschrank kommt, wird geschmeidiger und lässt sich leichter verarbeiten, wenn man ihn in kleinere Portionen teilt: Diese für Kleingebäck direkt ausrollen. Für Torten einzeln kurz verkneten, dann im Ganzen weiterverarbeiten.

... der beim Ausrollen bröselt und zerbricht, lässt sich mühelos weiterverarbeiten, wenn man 1 Eigelb mit 1–2 EL Puderzucker glatt rührt und unterknetet.

... wird besonders knusprig, wenn man ihn vor dem Backen 15 Minuten in der Form ins Gefrierfach stellt.

Krümeliger Mürbeteig wird geschmeidig, wenn man 1 EL Quark oder Joghurt unterknetet oder teelöffelweise eiskalten Weißwein oder Wasser zugibt. Manchmal genügt es schon, die Hände anzufeuchten und den Teig kurz, aber kräftig durchzukneten.

▶ Mürbeteig S. 57, Ausrollen von Teigen S. 58, Blindbacken S. 63, Buttergebäck S. 65, Garprobe S. 68, Tarte Tatin S. 85, Tortenböden S. 102, Teigreste S. 118

Muffins

... können portioniert und backfertig eingefroren werden: Den rohen Teig in Papierförmchen füllen, auf einem Muffinblech etwa 3 Stunden vorfrieren, dann in Gefrierbeutel umfüllen und einfrieren. Das Gebäck hält sich ungefähr 2 Monate.

Besonders clever!

***Buttermilch,** gemischt mit Salzwasser und Essig, eignet sich hervorragend zur Pflege von Badewannen. Die Wanne glänzt wie neu, wenn sie regelmäßig mit dieser Lauge ausgerieben wird.*

... kann man auch mit der gleichen Menge Backpulver statt Natron zubereiten.

... können in einer gut schließenden Dose 3–4 Tage lang aufbewahrt werden.

... können auch ohne die spezielle Backform gebacken werden, wenn man zwei Papierförmchen ineinander setzt, den Teig einfüllt und auf einem Backblech bäckt.

Natron

... ist ein Backtriebmittel und u. a. auch in Backpulver enthalten.

... muss beim Backen vorsichtig und genau dosiert werden. Schon wenig mehr kann das Aroma des Teigs verderben.

... macht viele Speisen bekömmlicher und Wasser weicher. Beim Kochen von Kaffee oder Tee gibt man einfach eine Messerspitze Natron in den Filter oder das Teesieb.

▶ Natron S. 38, Eischnee S. 66, Muffins S. 77, Zuckerguss S. 103

Nusskuchen

... wird saftiger und erhält mehr Aroma, wenn man 1 geriebenen Apfel oder 1 geriebene Möhre unter den Teig rührt.

Obstkuchen

... vom Blech in einer tiefen Fettpfanne backen, dann läuft austretender Saft nicht in den Backofen.

▶ Hefeteig S. 57, Hefeteig S. 70

Orangeat

... kann man ohne großen Aufwand selbst herstellen: 1 unbehandelte Orange abbrausen, dünn – wenn möglich ohne die weiße Innenhaut – schälen und die Schale in kleine Würfel schneiden. Diese mit Honig mischen, in ein Schraubdeckelglas füllen, im Kühlschrank aufbewahren und bei Bedarf entnehmen.

... und Zitronat schmecken sehr intensiv. Alternativ kann man dem Teig, z. B. von Stollen, Gewürzkuchen oder Kleingebäck, Trockenfrüchte wie Feigen, Datteln oder Aprikosen zufügen.

▶ Zitronat S. 88, Zitrusfrüchte S. 89

Pistazien

... sind geschält ziemlich teuer. Alternativ kann man gesalzene Pistazien verwenden: Mit kochendem Wasser überbrühen und wie Mandeln schälen. Das Salz wird dabei entfernt.

Plätzchen

... bleiben beim Ausstechen nicht an den Ausstechformen hängen, wenn man diese zuvor in Mehl taucht.

... schmecken besonders gut, wenn man sie auf einer mit gemahlenen Nüssen bestreuten Arbeitsfläche ausrollt.

... immer in gleichmäßiger Dicke ausrollen, da die Plätzchen sonst beim Backen unterschiedlich bräunen.

... verbrennen nicht, wenn man sie bereits 2 Minuten vor Ende der Backzeit aus dem Backofen nimmt. Sie garen auf dem heißen Blech nach.

... mit Konfitüre füllen, solange sie noch warm sind. Die Füllung lässt sich dann sehr leicht verteilen, und die Plätzchenhälften bleiben gut aneinander haften.

... die schon etwas ausgetrocknet sind, werden wieder weich, wenn man ein mit Cognac, Rum oder Weinbrand benetztes Tuch fest über die Dose spannt.

... die bröselig geworden sind, kann man im Wechsel mit Vanillepudding in Dessertschalen schichten, mit feiner Schokoladensoße übergießen und als Dessert servieren.

▶ Kekse S. 74, Mürbeteig S. 76, Kuchen- und Keksreste S. 97, Kekse S. 112

Plundergebäck

... wird auf Basis von Hefeteig hergestellt, in den – ähnlich wie bei Blätterteig – Butter eingearbeitet wird: Den ausgerollten Teig nach Zugabe der Butterstücke übereinander schlagen, mehrmals in alle Richtungen ausrollen und erneut übereinander schlagen.

Pottasche

... ist aus der Honig- und Pfefferkuchenbäckerei nicht wegzudenken. Das Gewürz ist unentbehrlich zur Lockerung von flachen, würzigen Teigen.

▶ Lebkuchenteig S. 74

Quark

... kann man als Ersatz für einen Teil der Margarine oder Butter in Kuchenteigen verwenden, dadurch werden die Kuchen »luftiger«. Bis zur Hälfte der Fettmenge durch die doppelte Menge Quark ersetzen.

▶ Butter S. 65, Käsekuchen S. 72, Mascarpone S. 75, Quark S. 99, Quark S. 115

Quark-Öl-Teig

... schmeckt feiner, wenn man ihn mit Margarine statt Öl zubereitet.

... immer zügig verarbeiten, da der Teig durch Wärme klebrig wird und sich dann nur noch mühsam ausrollen lässt.

... geht während des Backens sehr stark auf. Einzelne Teigstücke für Kleingebäck mit ausreichend Abstand auf das Blech setzen.

▶ Ausrollen von Teigen S. 58, Hörnchen S. 72, Quark S. 115

Rosinen

... müssen vor der Verarbeitung gründlich heiß gewaschen werden. Die Früchte anschließend gut abtropfen lassen.

... bleiben beim Zerkleinern nicht am Messer kleben, wenn man dessen Klinge dünn mit Öl einfettet.

Besonders clever!

***Backbleche** mit angebrannten Teigresten kann man besser reinigen, wenn sie in der Restwärme des Backofes erneut erhitzt und anschließend kräftig mit Küchenkrepp abgerieben werden.*

... erhalten ein fruchtigeres Aroma, wenn man sie mit kochendem Wasser überbrüht oder 30 Minuten in Zitronensaft einweicht.

... werden aromatischer, wenn man sie vor Verwendung mindestens 30 Minuten in Weißwein, Apfelsaft oder Rum quellen lässt.

... sacken beim Backen nicht auf den Teigboden, wenn man sie leicht mit Mehl bestäubt, bevor man sie unter den Teig rührt.
▶ Rosinen S. 116

Rührteig

... muss anfangs gut gerührt werden, bis der Zucker sich komplett gelöst hat. Nach der Mehlzugabe jedoch nur noch kurz weiterrühren, bis das Mehl gleichmäßig aufgenommen ist.

... wird schön locker, wenn man die Eier trennt, das Eiweiß steif schlägt und erst zum Schluss unterzieht. In diesem Fall zusätzlich mit den Eigelben 2 EL Mineralwasser oder Alkohol (z. B. Rum) unter den Teig rühren.

... sollte unmittelbar nach der Zubereitung gebacken werden. Sonst besteht die Gefahr, dass er sehr trocken wird.

... wird locker und erfrischend, wenn man 1 fein geriebenen Apfel oder 1 kleinen geriebenen Zucchino unterrührt.

... wird besonders feinporig und locker, wenn man etwa ein Drittel des Mehls durch Speisestärke ersetzt.

... bekommt beim Backen keine klebrigen Streifen, wenn während der Zubereitung alle Zutaten etwa Raumtemperatur haben. Deshalb sollte man Eier und Butter oder Margarine rechtzeitig aus dem Kühlschrank nehmen.

... schmeckt besonders delikat, wenn man etwa ein Drittel der im Rezept angegebenen Mehlmenge durch geriebene Marzipanrohmasse ersetzt.

Besonders clever!

*Wenn während des Backens **Teig in den Ofen gelaufen** ist, diesen immer sofort nach Ende der Backzeit mit Salz bestreuen. Dadurch lässt sich der Teig nach dem Abkühlen zusammen mit dem Salz bequem aus der Backröhre herausbürsten.*

... kann man durch Zugabe von Zimtpulver, Vanille, geriebener Zitronenschale oder Backöl ein jeweils anderes Aroma verleihen. Oder auch indem man einen Teil des Mehls durch gemahlene Mandeln oder Nüsse ersetzt.

... bekommt beim Backen keine Luftlöcher, wenn die Eier während der Zubereitung nur jeweils 30 Sekunden gerührt und das Mehl mit einem Schneebesen portionsweise untergezogen wird.

... wird schön locker und erhält ein fruchtiges Aroma, wenn man anstelle der Milch Zitronenlimonade in den Teig gibt.

... wird kalorienärmer, wenn man bis zu drei Fünftel der im Rezept angegebenen Fettmenge durch Apfelmus ersetzt. Z B. können 250 g Butter oder Margarine auf 100 g verringert und durch 150 g Apfelmus ergänzt werden.

... mit Früchten weicht nicht so schnell durch, wenn man die Hälfte des Teiges etwa 30 Minuten vorbackt, dann Früchte und den restlichen Teig oder Streusel dazugibt und ihn fertig bäckt.

... wölbt sich während des Backens nicht in der Mitte, wenn man den Teig in der Form zunächst glatt streicht und dann mit dem Teigschaber zum Rand hin etwas hochzieht.

... kann man gut einfrieren und bei Bedarf im Toaster aufbacken: In Scheiben schneiden, portionsweise verpacken und einfrieren.

... läuft beim Backen nicht über den Rand der Form, wenn man 2 Makkaroni senkrecht in den Teig steckt, durch die der Dampf entweichen kann. Sofort nach dem Backen entfernen, damit sich die Löcher schließen.

... kann man leicht aus der Form stürzen, wenn man diese nach dem Backen für etwa 10 Minuten auf ein kaltes Tuch stellt.

▶ Rührteig S. 57, Alkohol S. 58, Butter S. 65, Guglhupf S. 69, Mehl S. 75, Sandkuchen S. 83, Schokoladenkuchen S. 83

Besonders clever!

***Blitzkuchen** kann man aus Rührteigen zaubern: Die Grundzutaten Butter, Zucker, Eier, Mehl und Backpulver zu einem glatten Teig verrühren und auf ein Blech streichen. Den Boden nur kurz backen und auskühlen lassen. Mit Obst belegen oder mit Pudding oder mit flüssige Kuvertüre bestreichen.*

Besonders clever!

***Kuchenanschnitte** von Rührkuchen bleiben länger frisch, wenn man mit Hilfe eines Zahnstochers 1 dünne Scheibe Schwarzbrot an den Schnittflächen befestigt.*

Rum

... hat eine ähnliche Triebkraft wie Backpulver und kann dieses sogar ersetzen.

▶ Alkohol S. 58, Backpulver S. 60

Salz

... wird vielen Kuchenteigen und Süßspeisen zugefügt, weil die obligatorische Prise das Aroma sehr deutlich abrundet.

Sandkuchen

... entwickelt während des Backens eine schönere Kruste, wenn man die Backform nicht mit Margarine, sondern Butter einfettet.

... erhält ein besonders feines Aroma, wenn man fein geraspelte Marzipanrohmasse oder 1 Schuss Eierlikör unter den Teig rührt.

... wird goldgelb und schön knusprig, wenn man ihn vor dem Backen dünn mit Milch bestreicht.

... bleibt länger frisch, wenn man 1 Schuss Zitronensaft oder Apfelessig unter den Teig rührt.

▶ Backformen S. 59, Backpapier S. 60, Kastenkuchen S. 74, Rührteig S. 81, Sandkuchenreste S. 116

Schokoladenkuchen

... erhält ein fein-herbes Aroma, wenn man das Kakaopulver in kaltem Kaffee anrührt.

... aus Rührteig schmeckt viel intensiver und bleibt länger saftig, wenn man 1 TL Apfelessig unter den rohen Teig rührt.

▶ Rührteig S. 81, Schokoladenkuchen S. 100

Semmelbrösel

... (Paniermehl) zum Ausstreuen einer Backform kann man leicht durch zerbröselten Zwieback, gemahlene Nüsse, Kokosraspeln, Saaten oder Kakaopulver ersetzen.

▶ Backformen S. 59

Besonders clever!

Ein super ***Blitzkuchen*** *sind Butterkuchen-Schnittchen: Einige Scheiben Toastbrot üppig mit flüssiger Butter tränken, dick mit braunem Zucker und Mandelblättchen bestreuen und bei 200° (Umluft, Mitte) etwa 15 Minuten backen. Die Schnittchen sind schnell fertig und schmecken kalt oder warm.*

Stollen

... nicht zu lange kneten, dadurch wird er im Nachhinein trocken, sondern den Teig eher drücken.

... erhält sein typisches Aroma, wenn man pro 500 g Mehl 1/2 Tüte Lebkuchengewürz unterknetet.

... zum Backen mit der Nahtstelle nach unten aufs Blech legen.

... bleibt schön saftig, wenn man den Kuchen unmittelbar nach dem Backen mit zerlassener Butter bestreicht und dann dick mit Puderzucker bestäubt. Anschließend in Alufolie wickeln. Den Prozess eventuell am nächsten Tag wiederholen.

... muss vor dem Verzehr mindestens 2 Wochen ruhen, um sein Aroma zu entfalten: Nach dem Backen fest in Alufolie wickeln und bei einer Umgebungstemperatur von 10–12° ruhen lassen.

Hat man keine Stollenform zur Hand, kann man sich mit reißfester Alufolie behelfen. Hierfür nimmt man einen etwa 4 cm hohen, fest gefalteten Streifen Alufolie und legt ihn eng um den geformten Kuchen. So geht der Stollen beim Backen in die Höhe und läuft nicht zur Seite.

▶ Gewürze S. 68, Orangeat S. 78, Rosinen S. 80, Zitronat S. 88

Streusel

... werden knuspriger, wenn man 2 EL Honig unter den Teig knetet.

... erhalten ein intensiveres Aroma, wenn man 1 Päckchen Vanille-Puddingpulver unter den Teig knetet.

... werden knuspriger, wenn man sie statt aus Mürbeteig aus sehr fein zerbröseltem Zwieback, flüssigem Butterschmalz, etwas Zucker und ein wenig Zimt zubereitet.

... kann man ungebacken auf Vorrat einfrieren. Bei Bedarf auf den Kuchen streuen und wie gewohnt backen.

... werden besonders knusprig und bröseln nicht so stark, wenn man sie sofort nach dem Backen mit Wasser benetzt.

Strudel

... immer mit den Händen, nie mit der Küchenmaschine verkneten.

... wird besonders elastisch und lässt sich dünner ausrollen, wenn man ihn ohne Eier zubereitet.

... wird besonders elastisch und reißt nicht so leicht, wenn man 1 TL Essig unter den Teig knetet.

... lässt sich leichter ausziehen, wenn man den Teig solange knetet, bis er nicht mehr an den Handflächen haftet und die Hände gründlich mit Mehl bestäubt.

.... reißt beim Ausziehen nicht, wenn man den Teig während des Knetens mehrmals mit Kraft auf die Arbeitsfläche wirft.

... wird knuspriger, wenn man den ausgerollten Teig mit flüssiger Butter bestreicht, dünn mit Semmelbröseln oder frisch gerösteten Haferflocken bestreut und erst dann die Füllung darauf verteilt.

... immer mit der Nahtstelle nach unten auf das Blech legen.

... erhält eine schön glänzende Oberfläche, wenn man ihn kurz vor Ende der Backzeit dünn mit Kondensmilch bestreicht.

Saftige Strudel sollte man in einer großen Auflaufform backen, damit möglicherweise auslaufende Flüssigkeit nicht in den Backofen tropft.

▶ Apfelkuchen S. 92

Tarte Tatin

... wird nach Originalrezept mit Mürbeteig zubereitet. Schneller geht es, wenn man tiefgefrorenen Blätterteig verwendet.

▶ Apfelkuchen S. 58, Blätterteig S. 62, Apfelkuchen S. 92

Tiefgekühltes Gebäck

... immer bei Raumtemperatur auftauen, sonst wird es trocken.

Tortenböden

... aus Biskuit am besten am Vortag backen: Der ausgekühlte Biskuit weicht beim Belegen nicht so schnell durch und lässt sich auch leichter in mehrere Böden teilen.

... aus Knetteig bewahren besser ihre Form, wenn man sie vor dem Backen noch 30 Minuten in der Form kühl stellt.

▶ Tortenböden S. 102

Besonders clever!

*Ausgeschabte **Vanilleschoten** kann man prima zum Aromatisieren von Glühwein oder Punsch verwenden.*

Vanillemark

... verteilt sich gleichmäßiger in Teigen oder Cremes, wenn man es mit dem Zucker mischt.

Verwendete Abkürzungen

Mengenangaben in Koch- und Backrezepten sowie Zeitangaben werden oft abgekürzt. Sie bedeuten:

cl	=	Centiliter, 10 ml
dl	=	Deziliter, 100 ml
EL	=	Esslöffel, sofern nicht anders angegeben gestrichen
g	=	Gramm
kg	=	Kilogramm
l	=	Liter
ml	=	Milliliter
Msp.	=	Messerspitze
TK	=	Tiefkühlkost
TL	=	Teelöffel
Min.	=	Minute(n)
Pck.	=	Päckchen
Std.	=	Stunde
kcal	=	Kilokalorie, entspricht etwa 4,2 kJ
kJ	=	Kilojoule

Vollkornbackwaren

... erhalten ein wunderbar kräftiges Aroma, wenn man zum Backen Buttermilch statt Trinkmilch verwendet.

... bedürfen bei der Teigzubereitung immer einer größeren Flüssigkeitszugabe, da das ballaststoffhaltigere Mehl stärker quillt, als Weizenmehl Type 405 oder 1050. Den Teig nach dem Anrühren immer noch etwa 15 Minuten ruhen lassen und eventuell noch Flüssigkeit zugeben.

... erhalten ein besonders frisches Aroma, wenn man das Getreide unmittelbar vor dem Anrühren des Teiges frisch mahlt. Außerdem verdirbt gemahlenes Getreide sehr schnell.

... zeichnen sich nicht nur durch Verwendung von Vollkornmehlen aus. Oft werden auch alternative Süßungsmittel wie Ahornsirup, Apfel- oder Birnendicksaft oder Honig statt Zucker verwendet. Statt Backpulver wird Weinstein-Backpulver, und generell werden öfter Trockenfrüchte und Gewürze eingesetzt als in der herkömmlichen Bäckerei. Wer nur gelegentlich mit »dunklerem« Mehl backen will, sich ansonsten aber nicht vollwertig ernährt, kann statt der Reformprodukte Haushaltszucker, Backpulver und Sultaninen verwenden.

▶ Honig S. 72, Mehl S. 75

Besonders clever!

Waffeln *schmecken viel fruchtiger, wenn man ein Drittel der angegebenen Milch durch Orangensaft ersetzt.*

Waffeln

... werden locker und knusprig, wenn man den Teig mit kohlensäurehaltigem Mineralwasser statt Milch anrührt.

... werden besonders schön locker und luftig, wenn man die Eier getrennt unter den Teig rührt. Die Eiweiße zu Eischnee schlagen und am Ende unter die Masse heben.

... bleiben länger knusprig, wenn man sie auf einem Kuchengitter auskühlen lässt. Wird das Gebäck auf einem Teller gestapelt, wird es schnell weich.

▶ Waffeln S. 119

Windbeutel

... sind dann fertig gebacken, wenn sie bei vorsichtigem Daraufklopfen hohl klingen.

... auf einem mit Mehl bestäubten Blech backen: Wenn sich das Mehl dunkelbraun färbt, sind sie fertig gebacken.

... immer unmittelbar nach dem Backen mit einer Schere aufschneiden. Wenn sie bereits erkaltet sind, brechen sie leichter.

... kann man auch ohne Spritzbeutel portionieren: Mit Tee- oder Esslöffeln kleine Teighäufchen abstechen und auf ein Blech setzen.

... werden besonders knusprig und goldgelb, wenn man dem Teig eine Mischung von Wasser und Milch im Verhältnis 1:1 hinzufügt.

... sollten immer erst kurz vor dem Servieren gefüllt werden, da sie sonst sehr stark durchweichen.

Mini-Windbeutel schneidet man zum Füllen nicht auf. Die Füllung wird einfach mit Hilfe einer dünnen Tülle eingespritzt.

▶ Brandteig S. 64

Zitronat

... und Orangeat bleiben nicht am Messer kleben, wenn man es vor dem Hacken mit etwas Mehl bestäubt.

▶ Orangeat 78

Zitronenlimonade

... oder Orangenlimonade kann man statt Milch in den Teig rühren. Das macht den Kuchen schön locker und verleiht ihm ein fruchtiges Aroma.

Zitronenschalen

... immer möglichst dünn abhobeln, da die innere weiße Haut sehr bitter schmeckt.

Besonders clever!

*Das Aroma von geriebener **Zitronenschale** haftet sehr lange an der verwendeten Küchenreibe. Wenn man anschließend ein Stück trockenes Brot darauf reibt, verschwindet das Aroma.*

... zum Würzen von Teigen und Füllungen kann man durch 1–2 Msp. Vitamin-C-Pulver (Ascorbinsäure) ersetzen.

... von ausgepressten, unbehandelten Zitronen kann man gut auf Vorrat einfrieren. In gefrorenem Zustand lassen sich die Schalen zudem besser reiben.

Zitrusfrüchte

... sollte man stets unbehandelt kaufen. Mit den abgeriebenen Schalen kann man z. B. Zucker aromatisieren oder Orangeat und Zitronat selber herstellen.

... geben mehr Saft, wenn man sie zuvor mit etwas Druck auf der Arbeitsplatte hin und her rollt oder in warmes Wasser legt.

Benötigt man nur einige Tropfen Zitronensaft, muss man die Frucht nicht ganz aufschneiden. Es genügt, einen kleinen Spalt in die Zitrone zu schneiden, um den Saft herauszudrücken.

▶ Zitronen S. 55, Orangenfilets S. 99, Zitronen S. 119

Besonders clever!

***Weichspüler** kann man durch zwei ausgepresste Zitronenhälften ersetzen. Diese in die Waschmaschinentrommel geben und mitwaschen – die Wäsche riecht anschließend schön frisch.*

Zucker

... für Kuchen oder Gebäck sollte immer feinkörnig sein.

...immer so lange mit dem Fett oder Eigelb schaumig rühren, bis er sich komplett gelöst hat. Erst dann die weiteren Zutaten für den Teig unterrühren. So wird der Kuchen besonders locker.

... muss man nicht in der im Rezept angegebenen Menge verwenden. Die meisten Kuchen schmecken genauso gut, wenn man nur zwei Drittel oder die Hälfte des Zuckers verwendet.

▶ Zutatenmaße S. 105, Zuckerklumpen S. 120

Zwetschgendatschi

... muss richtig saftig sein, daher wird der Boden meist extrem dünn ausgerollt. Wer die Datschi lieber etwas trockener mag, sollte den Teig ein wenig dicker ausrollen und die Zwetschgen mit 3–4 EL Zucker bestreuen.

Köstlich süß und verführerisch

Wissenswertes rund um Beläge

Käsekuchen, Sachertorte, Schwarzwälder Kirschtorte, Frankfurter Kranz – beliebte Klassiker, deren Erfolg weniger vom Teig als vielmehr vom Gelingen der Füllung bzw. des Belags abhängt. Und, unter uns, bei Buttercreme, Sahnekuppeln oder Quarkfüllungen kann mehr schief gehen, als beim Teigrühren. Das folgende Kapitel enthält viele tolle Tipps – vorweg die wichtigsten Basisrezepte.

Buttercreme

Gelinggarantie: Geduld; gleiche Temperatur der abgeschlagenen Eigelb-Zucker-Masse und der schaumig gerührten Butter.

Basisrezept: 5 Eigelbe, 175 g Zucker, 250 g Butter, Mark von 1 Vanilleschote

Zubereitung: Die Eigelbe mit den Rührbesen des Handrührgerät verquirlen, den Zucker einrieseln lassen und die Masse im warmen Wasserbad in 10–15 Minuten schaumig schlagen. Abkühlen lassen. Die zimmerwarme Butter mit dem Vanillemark 10–15 Minuten rühren, bis die Masse schaumig und fast weiß ist. Sobald die Eimasse auf Temperatur der Buttercreme abgekühlt ist, die Eimasse löffelweise unterrühren.

Quark-Sahnecreme

Gelinggarantie: Gelatine gleichmäßig und sorgfältig unterrühren.

Basisrezept: 6 Blatt weiße Gelatine, 500 g Quark, 120 g Zucker, Saft und Schale von 1 unbehandelten Zitrone, 400 g Sahne, 4 EL Puderzucker

Zubereitung: Die Gelatineblätter einzeln rollen, in kaltem Wasser 10 Minuten einweichen. Quark mit Zucker, Zitronensaft und -schale cremig rühren. Die Gelatine gut ausdrücken, in 3–4 EL heißem Wasser auflösen, esslöffelweise etwas Quarkcreme in die Gelatine rühren, diese Masse mit den Rührbesen des Handrührgeräts in den Quark rühren. 10–15 Minuten kalt stellen, bis die Quarkcreme zu gelieren beginnt. Die Sahne mit dem Puderzucker steif schlagen und mit einem Schneebesen gleichmäßig unter die gelierte Quarkcreme heben. Die Torte bestreichen.

Puderzuckerglasur

Gelinggarantie: Warme Flüssigkeit.

Basisrezept: 200 g Puderzucker, 4–5 EL Flüssigkeit, z. B. Wasser, Zitronensaft, Fruchtsaft

Zubereitung: Den Puderzucker in eine Schüssel sieben und mit der warmen Flüssigkeit – diese löffelweise hinzufügen – zu einem dickflüssigen, streichfähigen Guss verrühren. Den Kuchen bestreichen.

Aprikotage

Gelinggarantie: Gut antrocknen lassen, bevor die nächste Schicht aufgetragen wird – bis zu 2 Stunden!

Basisrezept: 200 g Aprikosenkonfitüre, 4 EL Zucker, 1 EL Zitronensaft

Zubereitung: Die Konfitüre mit Zucker, Zitronensaft und 3 EL Wasser unter Rühren 5 Minuten sprudelnd kochen. Durch ein Sieb streichen und den Kuchen bestreichen.

Besonders clever!

*Die **Früchte auf Obstkuchen** werden weicher und noch aromatischer, wenn man sie etwa 10 Minuten vor Ende der Garzeit mit etwas Zitronensaft oder Rum beträufelt und kleine Butterflöckchen darauf verteilt, mit Alufolie abdeckt und fertig bäckt.*

Ananascreme

... – am besten Dosenfrüchte verwenden. Frische Ananas enthält das Enzym Bromelin, das das Erstarren der Gelatine verhindert und Milchprodukten einen bitteren Geschmack verleiht.

Apfelkuchen

... oder -strudel schmeckt fruchtiger, wenn man die Äpfel mit etwas frisch geriebenem Ingwer verfeinert oder zu einem Viertel durch Quittenspalten ersetzt.

... schmeckt noch aromatischer, wenn man die Apfelspalten vor dem Belegen 20 Minuten in Apfelsaft oder Weißwein mariniert. Die Einweichflüssigkeit kann man für den Tortenguss verwenden.

▶ Apfelkuchen S. 58, Apfelspalten S. 58

Baiserhauben

... werden besonders knusprig, wenn man sie vor dem Backen mit wenig kaltem Wasser benetzt.

... sind fertig, wenn sich die Oberfläche schön goldbraun färbt.

... gehen höher auf, wenn man in das angeschlagene Eiweiß zunächst ein wenig Backpulver, dann den Puderzucker einrieseln lässt.

▶ Baiser S. 60, Eischnee S. 66

Biskuitböden

... mehrschichtiger Torten sind stabiler und saftiger, wenn man sie vor dem Anrichten mit wenig Likör oder Fruchtsaft beträufelt.

... für Obstkuchen weichen nicht so schnell durch, wenn man sie vor dem Belegen dünn mit verquirltem Eiweiß bestreicht.

... für Obstkuchen weichen nicht so schnell durch, wenn man sie vor dem Belegen gleichmäßig mit zerbröseltem Zwieback oder Löffelbiskuit bestreut, hauchdünne Waffelblätter oder geschmacksneutrale Backoblaten auf dem Boden verteilt.

Besonders ***clever!***

***Blockschokolade** kann gut und preisgünstig Kuvertüre ersetzen: Die Schokolade bei schwacher Hitze mit etwas Kokosfett schmelzen, dieses verleiht dem Kuchenüberzug einen schönen Glanz.*

... für Obstkuchen weichen nicht so schnell durch, wenn man sie vor dem Belegen dünn mit flüssiger, weißer Kuvertüre bestreicht.

... weicht nicht so schnell durch, wenn man den Biskuitboden vor dem Belegen dünn mit (Frucht-)Joghurt, Schoko-Nuss-Creme oder Vanillepudding bestreicht.

▶ Cremetorten S. 94, Schwarzwälder Kirschtorte S. 101, Torten S. 102

Biskuitrollen

... kann man mit der Hälfte der angegebenen Sahne- oder Cremefüllung zubereiten und außen nur mit Puderzucker bestäuben.

▶ Biskuitplatten S. 62

Blockschokolade

... kann man mit der Gemüsereibe oder dem Gurkenhobel in Späne raspeln und zum Garnieren verwenden.

▶ Schokoladenreste S. 117

Buttercreme

... gerinnt nicht und wird standfester, wenn man einige Tropfen geschmolzenes Kokosfett gleichmäßig unterrührt.

... gerinnt nicht, wenn man zunächst die Hälfte der benötigten Buttermenge im heißen Pudding auflöst und diese Masse nach dem Abkühlen löffelweise unter die schaumig geschlagene Butter hebt.

... die bei der Zubereitung gerinnt, kann man retten, indem man die Creme sofort ins kochend heiße Wasserbad stellt und mit einem Schneebesen kräftig durchrührt.

... die bei der Zubereitung gerinnt, kann man retten, indem man sofort etwas Sahnesteif oder warmes, geschmolzenes Kokosfett gleichmäßig unterrührt.

▶ Buttercreme S. 91

Besonders clever!

***Buttercreme** bleibt länger frisch, wenn man den Pudding mit Wasser statt Milch zubereitet.*

Cremetorten

... kann man gleichmäßiger mit der Creme bestreichen, wenn die Tortenoberfläche ganz glatt ist. Deswegen den Biskuitboden mit der Unterseite nach oben auf die Tortenplatte stürzen.

... werden beim Aufschneiden häufig zerdrückt und die Füllung quillt heraus. Dies kann man vermeiden, wenn man den obersten Boden bereits vor dem Verzieren gut erkennbar in Portionsstücke teilt und mit »sägenden« Bewegungen schneidet – nicht drückt.

▶ Torten S. 102

Donauwellen

... kann man alternativ auch mit Aprikosen aus der Dose oder Kirschen aus dem Glas zubereiten.

Erdbeeren

... verlieren beim Waschen nicht so viel Saft und das Aroma wird nicht wässrig, wenn man sie erst wäscht und anschließend putzt.

... bekommen beim Waschen keine Druckstellen, wenn man sie in ein Sieb gibt und behutsam in einer Schüssel mit frischem, kaltem Wasser schwenkt. Gut abtropfen lassen.

Erdbeerkuchen

... schmeckt noch fruchtiger, wenn man die Beeren vor dem Belegen mit Zucker bestreut und für etwa 30 Minuten ziehen lässt. Tipp: Die abtropfende Flüssigkeit auffangen, mit Wasser auffüllen und den Tortenguss damit anrühren.

... erhält ein besonders fruchtiges Aroma, wenn man den Tortenguss mit etwas Himbeergeist verfeinert.

... erhält ein fruchtiges Aroma, wenn man den Kuchen mit Roter Grütze glasiert. Diese zuvor mit 2 Blättern aufgelöster Gelatine andicken.

▶ Gelatine S. 95, Tortenguss S. 103

Frankfurter Kranz

... kann man statt mit Nusskrokant auch mit gerösteten Haferflocken garnieren.

▶ Buttercreme S. 91, Buttercreme S. 93, Haferflocken S. 96

Frischkäsetorten

... mit Bröselboden am besten direkt auf der Servierplatte zubereiten: Einen gefetteten Tortenring auf die Platte stellen, die Keks- oder Biskuitbrösel gleichmäßig darin verteilen und anschließend die Käsemasse einfüllen.

Gelatine

... vor der Verarbeitung immer 5–10 Minuten in kaltem Wasser einweichen, damit das getrocknete Eiweiß aktiviert wird.

... quillt besser, wenn man die Blätter einzeln aufgerollt ins Wasser gibt. Sind alle Blätter gut durchgeweicht, die Gelatine leicht ausdrücken und in heißer Flüssigkeit auflösen. Nie kochen lassen!

... kann man auch in der Mikrowelle auflösen: 6 Blatt Gelatine mit 3–4 EL kalter Flüssigkeit bei 600 Watt etwa 40 Sekunden erhitzen, zwischendurch umrühren. Nicht kochen lassen!

... nie direkt in die zu gelierende Masse geben. Die aufgelöste Gelatine zunächst mit 1–3 EL der kalten Masse anrühren, dann in die restliche Masse einrühren.

... verleiht Kuchen und Desserts ein fein säuerliches Aroma, wenn man dem Einweichwasser den Saft von 1/2 Zitrone zufügt.

Mit Gelatine gebundene Cremes müssen im Kühlschrank halbfest werden, bevor man Eischnee oder geschlagene Sahne unterziehen kann. Die Konsistenz ist richtig, wenn man eine Gabel über die Creme zieht und diese sichtbare Spuren hinterlässt.

Gelatineklümpchen lösen sich wieder auf, wenn man die Masse im heißen Wasserbad glatt rührt.

Besonders clever!

Blitzkuchen: *Sehr reife Früchte – z. B. Äpfel, Erdbeeren, Kirschen oder Rhabarber – kann man mit Zucker, Zitronenschale und Speisestärke zu Kompott kochen, gut abtropfen lassen, auf einen fertigen Tortenboden streichen und mit dicken Sahnetuffs garnieren.*

Besonders clever!

***Heidelbeerflecken** in Kleidungsstücken oder Tischwäsche kann man leichter entfernen, wenn man die Textilien zunächst in Butter- oder Sauermilch einweicht und anschließend in Seifenlauge auswäscht.*

Haferflocken

... sind eine prima Alternative zu Mandelplättchen oder Nusskrokant beim Garnieren von Kuchen und Torten: In einer trockenen Pfanne ohne Zugabe von Fett knusprig rösten.

▶ Zutatenmaße S. 105

Heidelbeeren

... sehr vorsichtig waschen, damit die zarten Häute nicht aufplatzen. Am besten in eine große Schüssel mit kaltem Wasser geben und behutsam mit der Hand hin und her schwenken. Gut abtropfen lassen.

▶ Beerenfrüchte S. 60, Tiefgefrorene Früchte S. 101, Erdbeeren S. 109

Kandierte Kirschen

... lassen sich leichter aus der Verpackung lösen und zerkleinern, wenn man diese zuvor einige Minuten ins Eisfach legt.

Karamellsplitter

... kann man leicht selbst herstellen: 100 g Zucker in einer Pfanne unter Rühren erhitzen, bis er schmilzt und eine honiggelbe Farbe bekommt. Auf eine geölte, feuerfeste Platte – am besten aus Metall – gießen, erkalten lassen, lösen und in beliebig große Stücke brechen.

Besonders clever!

***Kiwis** für Torten oder Büfettgarnierungen kann man nach dem Schälen mit Hilfe eines Eierschneiders in gleichmäßige Scheiben schneiden.*

Kiwi

... enthalten Enzyme, die Sahne oder andere Milchprodukte bitter schmecken lassen und das Erstarren von Gelatine und Tortenguss verhindern. Die Früchte deswegen vor Verwendung in Scheiben schneiden, 30 Sekunden in kochendem Wasser blanchieren und trockentupfen.

▶ Quark S. 42, Kiwi S. 112

Konfitüre

... zum Glasieren kann man einfach mit Fruchtsaft glatt rühren. Meist muss sie nicht extra erhitzt werden.

Kuchenglasur

… sollte vor Belegen mit Früchten oder Schokolade etwas antrocknen, damit diese die Glasur nicht verfärben.

… wird perfekt glatt, wenn man die Backpalette, mit der man die Glasur verstreicht, zwischendurch in heißes Wasser taucht.

▶ Kuvertüre S. 97, Schokoladenkuchen S. 100, Zuckerguss S. 103

Kuchen- und Keksreste

… kann man zur Dekoration verwenden: Die Reste zerbröseln und unter Rühren mit etwas Zucker in einer trockenen Pfanne rösten. Diesen Krokant in einem Schraubdeckelglas aufbewahren.

… kann man zu Konfekt verarbeiten: Die Reste zerbröseln und mit kaltem Espresso, Fruchtsaft oder Alkohol beträufelt gut durchziehen lassen. Anschließend mit flüssiger Kuvertüre und Kokosfett verkneten, zu nussgroßen Kugeln formen und in gehackten Mandeln oder Pistazien, in Kakao oder Schokoflocken wälzen.

Kuppeltorten

… die später gestürzt werden, am besten in einem großen, mit Klarsichtfolie ausgelegten Salatsieb zubereiten.

▶ Sahne S. 99, Torten S. 102

Kuvertüre

… wird geschmeidiger und glänzt besonders schön, wenn man 1 EL Kokosfett unter die geschmolzene Kuvertüre rührt.

… bricht beim Anschneiden des Kuchens nicht, wenn man 1 EL Naturjoghurt unter die geschmolzene Kuvertüre rührt.

… mit der man Buchstaben oder andere feine Dekorationen aufspritzen will, kann man auch direkt im »Spritzbeutel« schmelzen: Die Kuvertüre in einen Gefrierbeutel geben und diesen in heißes Wasser hängen, bis die Kuvertüre flüssig ist. Eine kleine Spitze des Beutels abschneiden und wie einen Spritzbeutel verwenden.

Besonders clever!

Leckere Knabberei: ***Kuvertürenreste*** *schmelzen, mit gehackten Mandeln, Cornflakes oder Haferflocken mischen und in Form kleiner »Häufchen« auf Backpapier setzen. Über Nacht im Kühlschrank trocknen lassen und pur knabbern oder Torten damit dekorieren.*

... haftet besser auf Kuchen oder Torten, wenn man deren Oberfläche zuvor leicht mit Mehl oder Kakao bestäubt.

... für Eistorten splittert beim Anschneiden nicht, wenn man wenige Tropfen neutrales Speiseöl unter die geschmolzene Kuvertüre rührt.

... die nicht gleichmäßig glatt geworden ist, mit Hilfe des Föhns erwärmen. Durch die Hitze glättet sich die Glasur von selbst.
▶ Kuchenglasur S. 97, Schokoladenblättchen S. 100, Schokoladenraspel S. 100

Linzer Torte

... kann man zur Weihnachtszeit festlicher dekorieren: Den Teig für die Dekoration in Form von Monden und Sternen ausstechen.

Mandel- und Nusskerne

... kann man zeitsparend bei 300 Watt in der Mikrowelle rösten. Damit die Nüsse gleichmäßig bräunen, jeweils nach 1 Minute wenden und dabei auch den Röstgrad prüfen.

... springen während des Hackens nicht vom Brett, wenn man sie zuvor mit etwas Zucker bestreut.

... kann man in Füllungen und Garnierungen durch geröstete Haferflocken, Kürbis- oder Sonnenblumenkerne ersetzen.
▶ Zutatenmaße S. 105

Marmorkuchen

... sieht besonders festlich aus, wenn man ihn zunächst vollständig mit weißer Kuvertüre überzieht und anschließend Streifen dunkler Kuvertüre darüber laufen lässt.

Marzipanrohmasse

... sieht sehr dekorativ aus, wenn man sie durch eine Knoblauchpresse drückt oder mit Speisefarben einfärbt.

... kann man auch durch das günstigere Persipan ersetzen.

Eine gleichmäßige Marzipanoberfläche auf einer Torte zu verteilen gelingt, wenn man die Rohmasse gut verknetet, mit etwas Puderzucker bestreut und zwischen 2 Lagen Frischhaltefolie in Größe des Tortendurchmessers ausrollt. Die Platte um ein Nudelholz wickeln und über dem Kuchen vorsichtig abrollen.

▶ Marzipanreste S. 113

Obsttorten

... erhalten eine exotische Note, wenn man sie vor dem Belegen mit gerösteten Kokosraspel bestreut.

▶ Apfelkuchen S. 92, Erdbeerkuchen S. 94, Heidelbeeren S. 96, Stachelbeeren S. 101, Tortenböden S. 102, Tortenguss S. 103

Orangenfilets

... immer sorgfältig und inklusive der dicken weißen Haut schälen, um einen bitteren Beigeschmack zu vermeiden.

Quark

... für Beläge und Füllungen vor der Verarbeitung immer 30 Minuten in einem mit Küchentuch ausgelegten Sieb abtropfen lassen. Alternativ Schichtkäse verwenden.

Rührkuchen

... wird im Handumdrehen zur raffinierten Schichttorte: Den Kuchen in 3–4 Böden teilen, mit Nuss-Nougat-Creme, Sahne und Früchten oder Buttercreme füllen und festlich garnieren.

Sahne

... kann man durch Zugabe von wenig Puderzucker, Vanillezucker, Instantpulver für Milchmix-Getränke, Cappuccino- oder Kakaopulver aromatisieren.

... für Füllungen wird besonders fest, wenn man sie halbsteif schlägt, 2–3 Blatt eingeweichte Gelatine in 2 EL heißem Wasser auflöst und während des Steifschlagens in die Sahne einrührt.

Besonders ***clever!***

*Eine **Backpalette** ist das optimale Küchengerät, um Sahne- oder Buttercremes, Kuvertüren und andere Glasuren schön glatt zu verstreichen. Alternativ kann man aber auch einen Teigschaber oder ein Messer mit langem glatten Rücken verwenden.*

Besonders clever!

***Sahne** kann man auch an warmen Sommertagen richtig steif schlagen, wenn die Sahne zuvor mindestens 6 Stunden ununterbrochen im Kühlschrank stand.*

... wird besonders standfest, wenn man das Sahnesteif durch 2 EL Gelierzucker pro 200 g Sahne ersetzt.

... wird besonders standfest, wenn man sie zusammen mit 1 rohen Eiweiß steif schlägt.

... zu Obstkuchen schmeckt besonders gut, wenn man 1 Msp. gemahlenen Ingwer unterschlägt.

▶ Quark S. 42, Gelatine S. 95, Kiwi S. 96, Spritzbeutel S. 101, Zutatenmaße S. 105, Sahne S. 116, Schlagsahnereste S. 116

Schoko-Crossies

... gelingen ohne großen Aufwand: Die Schokolade im Wasserbad schmelzen, Cornflakes untermischen, von der Masse mit zwei Teelöffeln kleine Mengen abstechen und auf eine Platte setzen. Im Kühlschrank erkalten lassen.

Schokoladenblättchen

... zum Dekorieren von Kuchen oder Torten kann man selbst herstellen: Glatte, essbare Blätter – beispielsweise Lorbeer- oder Zitronenmelisseblätter – auf einer Seite mit flüssiger Kuvertüre bestreichen, auf Alufolie oder Backpapier setzen, im Kühlschrank erstarren lassen und kurz vor Verwendung vorsichtig abziehen.

Schokoladenkuchen

... kann man ganz einfach glasieren, indem man den noch heißen Kuchen mit Schokoraspel oder -flocken bestreut und diese schmelzen lässt – eventuell glatt streichen.

Schokoladenraspel

... kann man recht einfach selbst herstellen: Kuvertüre schmelzen lassen und dünn auf ein kühles Marmor- oder Glasbrett streichen. Sobald die Schokolade erstarrt ist, mit einem Spachtel kleine Röllchen abschaben. Dabei werden die Raspel um so feiner und kürzer, je härter die Kuvertüre ist.

▶ Blockschokolade S. 93, Schokoladenreste S. 117

Besonders ***clever!***

Sahnegarnierungen *am besten zunächst auf Alufolie spritzen, etwa 30 Minuten anfrieren lassen und dann erst auf die Torte setzen. Auf diese Weise wird die Tortenglasur nicht verschmiert.*

Schwarzwälder Kirschtorte

... schmeckt aromatischer, wenn man die Böden aus Schokoladenbiskuit mit fein zerkrümeltem Pumpernickel bestreut, bevor man sie mit Kirschwasser tränkt.

... weicht nicht durch, wenn man die Kirschen mit rotem Tortenguss statt Stärke bindet.

▶ Biskuitböden S. 92, Sahne S. 99, Schokoladenraspel S. 100

Spritzbeutel

... kann man mit der »richtigen« Technik einfach füllen: Den Spritzbeutel in einen Messbecher stellen, den Rand herunterklappen, die Creme oder Sahne mit Hilfe eines Teigschabers einfüllen, Reste am Beutel abstreifen und den Rand wieder hochklappen.

... nach dem Füllen zunächst einmal kräftig nach unten schütteln – am besten über dem Spülbecken oder einer Schüssel. Auf diese Weise rutscht der Inhalt zur Spitze der Tülle und lässt sich leicht herausdrücken. Auch wird der erste Tupfen so nicht zu groß.

Stachelbeeren

... platzen beim Backen nicht, wenn man sie zuvor mit einer Nadel mehrfach einsticht.

Streuselschnitten

... erhalten ein fruchtiges Aroma, wenn man den rohen Teig mit Marmelade bestreicht, bevor man die Streusel darauf verteilt.

▶ Streusel S. 84

Tiefgefrorene Früchte

... behalten beim Auftauen ihre Farbe, wenn man sie währenddessen immer wieder mit etwas heißem Zuckerwasser beträufelt.

... kann man auch in gefrorenem Zustand auf dem Tortenboden verteilen. Die Früchte tauen durch die Glasur mit dem warmen Tortenguss auf und weichen den Boden nicht durch.

Torten

… rutschen nicht von der Platte, wenn man den unteren Boden schon vor dem Garnieren mit einigen Tropfen Honig fixiert.

… mit mehreren Schichten gelingen besser, wenn man jede Creme- oder Sahneschicht zunächst fest werden lässt, bevor man den nächsten Boden aufsetzt.

… kann man direkt auf der Tortenplatte garnieren, ohne diese zu verschmieren: 2 breite Streifen Backpapier – nicht überlappend – unter die Torte legen und an den Seiten jeweils etwas überstehen lassen. Das Papier abschließend nach beiden Seiten wegziehen.

… kann man mit Hilfe eines speziellen Tortenteilers leichter schneiden. Torten und Kuchen mit cremiger Füllung sollte man immer in etwas breitere Stücke schneiden.

… mit klebriger Füllung kann man besser schneiden, wenn man das verwendete Messer vor jedem Schnitt in heißes Wasser taucht und nach jedem Schnitt an Küchenkrepp abstreift.

… mit Glasur kann man besser schneiden, wenn man die einzelnen Stücke mit einem Messer bereits markiert, wenn die Glasur erst halbfest ist. Sie bricht dann beim Schneiden nicht.

▶ Beläge S. 92, Baiserhauben S. 92, Biskuitböden S. 92, Buttercreme S. 93, Cremetorten S. 94, Frischkäsetorten S. 95, Gelatine S. 95, Kuppeltorten S. 97, Linzer Torte S. 98, Marzipanrohmasse S. 98, Quark S. 99, Sahne S. 99, Schwarzwälder Kirschtorte S. 101, Vanillecreme S. 103

Tortenböden

… mit Obstbelag schmecken wunderbar frisch, wenn man sie dünn mit Crème fraîche bestreicht.

… aus Mürbeteig und Torteletts weichen nicht durch, wenn man sie dünn mit flüssiger Zartbitterkuvertüre bestreicht.

Besonders clever!

*Leckere **Torteletts** für die Winterzeit: Mit Zartbitter-Kuvertüre ausstreichen, erkalten lassen, mit selbst zubereitetem Zimt-Apfelmus füllen und mit Schlagsahne garnieren.*

Besonders ***clever!***

__Tortenguss__ kann man durch grünen oder roten Wackelpudding ersetzen. Diesen nach Packungsanweisung zubereiten, abkühlen und leicht erstarren lassen und auf dem Tortenboden verteilen. Der Kuchen bekommt ein tolles Aroma und sieht witzig aus. Besonders bei Kindern sehr beliebt!

Tortenguss

... vor dem Auftragen immer erst einige Minuten abkühlen lassen.

... kann man durch erwärmte Marmelade ersetzen. Sie schmeckt sehr frisch und erstarrt beim Erkalten.

... bekommt einen schönen Glanz, wenn man ihn nach dem Auftragen sofort mit etwas Kartoffelmehl bestäubt.

... kann man nach dem Kochen durch Zugabe von 1 EL Himbeersirup, Obstwasser oder Likör verfeinern. Roter Tortenguss erhält durch den Himbeersirup zudem eine kräftigere Farbe.

... wird aromatischer, wenn man ihn mit Fruchtsaft und einigen Spritzern Zitronensaft zubereitet.

Vanillecreme

... die im Wasserbad aufgeschlagen wird, kann man durch Vanillepudding ersetzen. Die Füllung ist dann nicht ganz so fein, aber sie ist schnell zubereitet und gelingt garantiert.

... wird besonders locker, wenn man die Eier trennt: Die Eigelbe direkt in die Vanillecreme rühren, die Eiweiße mit Zitronensaft und Zucker steif schlagen und unter die abgekühlte Creme heben.

▶ Pudding S. 42

Zuckerblumen oder -schrift

... kann man aus 100 g gesiebtem Puderzucker, etwas Lebensmittelfarbe und 1 Blatt gequollener, in 1 EL warmem Wasser aufgelöster Gelatine selbst herstellen. Den Puderzucker mit Farbstoff, Gelatine und Wasser zu einer formbaren Masse verkneten, modellieren und trocknen lassen.

Zuckerguss

... kann man durch Zugabe von etwas Vanille-Puddingpulver schön gelb färben.

Besonders clever!

Schokoladen-Figuren *zur Torten-Dekoration kann man selber herstellen: Die Plastikförmchen fertiger Verzierungen – oder z. B. auch aus dem Adventskalender – sammeln, leicht einölen und mit geschmolzener Kuvertüre ausgießen. Nach dem Erstarren lassen sich die Figuren leicht herausheben.*

... wird strahlend weiß, wenn man den Kuchen zuvor mit erwärmter Aprikosenmarmelade bestreicht, diese trocknen lässt und dann glasiert.

... wird besonders cremig und weiß, wenn man den Puderzucker mit warmer Milch anrührt.

... wird besonders fest und lässt sich gut verarbeiten, wenn man den Puderzucker mit 1 Eiweiß und 3 EL Zitronensaft statt Wasser anrührt.

... wird besonders glatt, wenn man den Kuchen in zwei Schichten überzieht. Die erste Schicht gut trocknen lassen, bevor man die zweite Schicht aufträgt.

... lässt sich leichter verstreichen, wenn man den Puderzucker gut mit etwas Backpulver vermischt.

... bleibt länger streichfähig und lässt sich besser verteilen, wenn man etwas Backpulver oder Natron zufügt und den Guss mit warmer Flüssigkeit anrührt.

... reißt beim Schneiden nicht, wenn man 1 EL geschmolzene Butter unter den Guss rührt. Entsprechend 1 EL weniger Wasser bzw. Fruchtsaft verwenden.

... bricht beim Schneiden des Kuchens nicht, wenn man das Messer zuvor leicht einfettet.

▶ Puderzuckerglasur S. 91, Aprikotage S. 91, Kuchenglasur S. 97, Zutatenmaße S. 105

Zutatenmaße

Oft sind in Backrezepten Angaben zu Maßen in Löffel- oder Tasseneinheiten zu finden. Hier eine Übersicht über solche Mengenangaben – umgerechnet in Gramm-Angaben.

Besonders ***clever!***

Torten *und* ***Kuchen*** *aus der Springform kann man hübsch verzieren: In Größe des Kuchens eine Schablone ausschneiden, mehrfach falten, kleine Muster hinein schneiden und wieder entfalten. Den Kuchen dick mit Puderzucker bestäuben, die Schablone auflegen, Kakaopulver darüber stäuben und die Schablone wieder entfernen.*

1 TL* Backpulver = 4 g
1 EL* Backpulver = 10 g
1 Päckchen Backpulver = 4 TL
1 EL Butter = 15 g
1 EL zerlassene Butter = 10 g
1 EL* Haferflocken = 8 g
1 gehäufter EL Haferflocken = 10 g
1 TL Honig = 10 g
1 EL Honig = 20 g
1 TL* Kakao =5 g
1 EL* Kakao = 10 g
1 TL Marmelade oder Gelee = 10 g
1 EL Marmelade oder Gelee = 20 g
1 EL* Mehl = 10 g
1 gehäufter EL Mehl = 20 g
1 EL* geriebene Nüsse oder Mandeln = 10 g
1 gehäufter EL geriebene Nüsse oder Mandeln = 15 g
1 EL Öl = 12 g
1 EL* Puderzucker = 10 g
1 gehäufter EL Puderzucker = 20 g
1 EL Sahne** = 10 g
1 TL* Salz = 10 g
1 EL* Salz = 20 g
1 TL* Speisestärke = 5 g
1 EL* Speisestärke = 10 g
1 gehäufter EL Speisestärke = 20 g
1 EL Wasser = 15 g
1 TL* Zucker = 5 g
1 EL* Zucker = 15 g
1 gehäufter EL Zucker = 20 g
1 Tasse = Tasse mit Fassungsvolumen für 125 ml

* Wenn nicht anders angegeben, gehen Sie bei den Angaben immer von 1 gestrichenen Löffel aus.

** Wenn nur Sahne angegeben ist, nicht »Schlagsahne« oder »süße Sahne«, dann ist die Rede von flüssiger Sahne.

Was vom Tage übrig bleibt …

Sinnvolle Vorratshaltung – Diese Nahrungsmittel gehören in jede Vorratskammer

Einige Lebensmittel sollten einfach in keiner Küche fehlen. Zum einen, weil sie ständig und für die Zubereitung sehr vieler Gerichte benötigt werden. Zum anderen bilden sie eine Vorratsbasis für viele einfache und köstliche Gerichte, so dass man selbst dann nicht hungern muss, wenn wieder keine Zeit zum Einkaufen war.

Basics

Backpulver
Essig
Kartoffeln
Ketchup
Knoblauch und Zwiebeln
Meerrettich
H-Milch (als Notvorrat)
Nudeln
Reis
Senf
Tomatenmark
stückige, passierte oder geschälte Tomaten
Pflanzenöl, z. B. Sonnenblumen- oder Rapsöl
Weizenmehl (Type 1005 oder 405)
Zitronensaft

Aus Dose oder Glas

Eiserne Konservenreserve, z. B. Tunfisch, Linsen, Bohnen, Sauerkraut, Champignons, Mais, (Lieblings-)Früchte
Honig
Konfitüre
Trockenobst oder Sultaninen

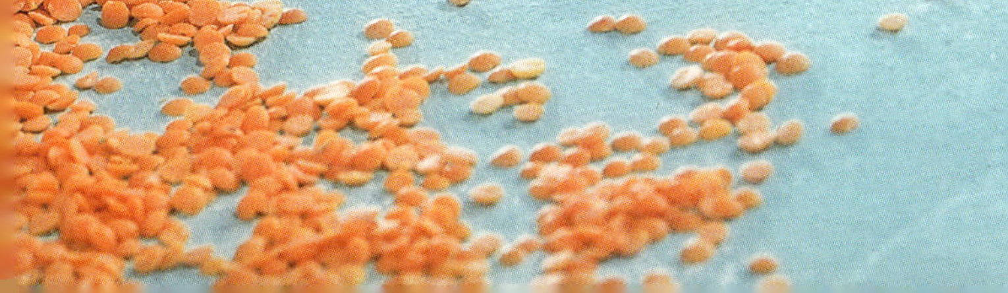

Gewürze

Curry, Muskatnuss, Paprikapulver, Pfeffer, Vanillezucker, Zimtpulver
Getrocknete Kräuter (Dill, Oregano, Basilikum, Thymian)
Instant-Gemüsebrühe oder Fleischbrühwürfel
Puddingpulver
Salz
Zucker

Im Kühlschrank

Butter oder Margarine
Frischkäse oder eingeschweißter Käse
Parmesan
Sahne, alternativ haltbare Sahne
Saure Sahne

Auf Eis

Brot
Früchte
Gemüse
Kräuter

Äpfel

... bleiben länger frisch und saftig, wenn man sie nicht in einer Obstschale, sondern in Folie eingepackt im Kühlschrank lagert.

... die bereits leicht verschrumpelt sind, schmecken noch prima als Snack: Die Früchte ungeschält quer in dünne Scheiben schneiden, die Kerne ausstechen und die Ringe im Ofen trocknen.

Bratenreste

... trocknen beim Aufwärmen nicht aus, wenn man das Fleisch in Scheiben schneidet und in einem Sieb über einem Topf mit siedendem Wasser erhitzt oder in der restlichen Sauce erwärmt.

... schmecken am nächsten Tag noch besser, wenn man sie mit 1 kleinen Stück Butter in Alufolie packt und anschließend bei geringer Temperatur im Backofen erwärmt.

... kann man in Würfel oder Streifen schneiden und als Salatzutat oder Suppeneinlage servieren.

Brot

... hält sich doppelt so lange frisch, wenn man 1 Stück Sellerieknolle mit in den Brotkasten gibt.

...kann man gut auf Vorrat einfrieren: Frisches Brot in Scheiben schneiden, durch Pergamentpapier trennen und einfrieren. Bei Bedarf die entsprechende Menge entnehmen.

Brotreste

... kann man im Handumdrehen zu einer preisgünstigen und sättigenden Brotsuppe verarbeiten: grob würfeln, in Fleisch- oder Gemüsebrühe aufkochen und würzen.

... oder Brötchen vom Vortag kann man würfeln und in Butter goldbraun rösten. Die Würfel einfrieren und bei Bedarf als Croûtons zu Suppe oder Salat servieren. Aromatischer werden sie, wenn man Zwiebelwürfel, Knoblauch oder Kräuter mitbrät.

Besonders clever!

***Äpfel** helfen auch bei Durchfall. Einen rohen Apfel fein reiben und mit 1/2 TL Zimt vermischt essen.*

Datteln

... die verklebt sind, kann man ganz einfach lösen, wenn man sie bei 180 Watt für etwa 2 Minuten in der Mikrowelle erwärmt.

Eier

... sollte man direkt nach dem Einkauf mit der stumpfen Seite nach oben im Kühlschrank lagern. Diese Stellung verhindert, dass die Luft im Ei in die Spitze vordringt und die innere Haut des Eis von der Schale löst.

... die im Karton festgeklebt sind, kann man relativ gut lösen, wenn man den Karton zuvor einige Minuten in Wasser taucht.

... für gekochte Eier, Rührei oder Spiegelei sollten des Aromas wegen 4–5 Tage alt sein. Werden die Eier allerdings roh verwendet, sollten sie so frisch wie möglich sein.

Eigelbreste

... kann man im Kühlschrank bis zu 4 Tagen aufbewahren: in einer Tasse mit etwas kaltem Wasser bedecken und die Tasse abdecken. Vor Verwendung das Wasser abschütten und die Eigelbe wie gewohnt verarbeiten.

Eiweißreste

...von sehr frischen Eiern kann man steif schlagen und unter Apfelmus oder Fruchtquark heben. Dadurch wird das Dessert luftig leicht.

... kann man mit Puderzucker steif schlagen und bei schwacher Hitze im Backofen trocknen. Das Baiser auskühlen lassen und in eine gut verschließbare Dose füllen. Auf diese Weise bleiben Baisers mehrere Wochen frisch.

▶ Eischnee S. 66, Baiserhauben S. 92

Besonders clever!

***Fruchtfliegen** vertreibt man am besten, indem man sie in ein Glas mit 2 TL Wein lockt. Einfach in der Nähe der Obstschale oder einer günstigen Stelle in der Küche platzieren.*

Erdbeeren

... die nicht sehr aromatisch sind oder Druckstellen haben, kann man mit Quark oder Joghurt pürieren und als Dessert servieren.

... die nicht sehr aromatisch sind oder schon Druckstellen haben, kann man mit Milch und Vanillezucker zu Milchshake pürieren.

... und andere empfindliche Beerenfrüchte vorsichtig einfrieren: Nebeneinander auf ein Tablett legen, 6 Stunden vorfrieren, in einen Gefrierbeutel umfüllen. Je kälter, desto schneller frieren die Früchte und entwickeln weniger Eiskristalle, die sie beim Auftauen matschig werden lassen.

Gemüsereste

... kann man putzen, in Stifte oder Scheiben schneiden und mit einem Quark- oder Kräuterdip servieren. Gut eignen sich z. B. Möhren, Gurken, Paprika, Kohlrabi oder blanchierter Blumenkohl.

... werten Nudel-, Reis- oder Kartoffelaufläufe auf bzw. »strecken« diese. Damit das Gericht nicht matschig wird, das Gemüse zuvor nicht weich kochen, sondern je nach Garzeit des Auflaufs roh zugeben oder bestenfalls blanchieren.

Besonders clever!

***Essigsud** von Gewürzgurken kann man zur Herstellung von Salatdressings verwenden oder Zwiebelringe darin einlegen. Der Sud ist bereits gewürzt, schmeckt sehr aromatisch und kostet nichts.*

Gewürzgurken

... verderben im angebrochenen Glas nicht so schnell, wenn man sie grundsätzlich mit einer sauberen Gabel oder Zange entnimmt. So halten sie sich mindestens 4 Wochen.

... bleiben auch im geöffneten Glas noch eine ganze Zeit lang knackig, wenn man zusätzlich ein Radieschen ins Glas gibt.

Gulaschreste

... kann man prima als Basis für eine würzige Suppe verwenden: Fleischbrühe sowie rote und grüne Paprikaschoten – gewürfelt und blanchiert oder angebraten – hinzufügen und erwärmen.

Hefe

... kann man auf Vorrat einfrieren. Vor Gebrauch tiefgefroren in der im Rezept angegebenen warmen Flüssigkeit auflösen und dann wie gewohnt verarbeiten.

▶ Hefe S. 69

Käse

... hält sich im Kühlschrank länger frisch, wenn man ihn in ein mit Essig getränktes, sauberes Baumwoll- oder Leinentuch einschlägt. Das Aroma wird durch den Essig nicht beeinflusst.

... der hart geworden ist, in Würfel schneiden und in Braten- oder Nudelsaucen schmelzen lassen. Das verleiht diesen ein pikant würziges Aroma.

... der hart geworden ist, kann man reiben, mit Paniermehl mischen und Fisch- oder Fleischgerichte darin würzig panieren.

... bleibt unter der Käseglocke länger frisch und schimmelt nicht, wenn man ein Stück Würfelzucker dazulegt. Dieses entzieht überschüssige Feuchtigkeit.

Besonders clever!

***Kaffeesatz** enthält viele Mineralien und eignet sich hervorragend als Pflanzendünger.*

Kaffeereste

... kann man prima im Eiswürfelbehälter einfrieren. Bei Bedarf kann man das Getränk als erfrischenden Eiskaffee servieren.

Besonders clever!

***Knoblauch-** und **Fischgeruch** an den Händen kann man beseitigen, indem man die Hände kräftig mit Kaffeesatz einreibt und anschließend abwäscht.*

Kartoffelchips

... die weich geworden sind oder kein Aroma mehr haben, kann man zu würzigen Reibekuchen verarbeiten: 30 Minuten in Wasser einweichen, gut ausdrücken, mit 1 Ei sowie 1 gehackten Zwiebel vermischen und in heißem Fett ausbacken.

... oder Kräcker, die weich geworden sind, werden wieder knusprig, wenn man sie kurz im Backofen aufbäckt.

Kartoffeln

... kühl, dunkel und ohne Verpackung in einem Korb lagern. Auf diese Weise bleiben sie gut 3 Wochen frisch.

... sollte man nie bei Umgebungstemperaturen unter 8° aufbewahren, sonst entfalten die Kartoffeln einen unangenehm süßlichen Geschmack.

▶ Kartoffeln S. 30

Kartoffelpüree

... oder gestampfte Kartoffeln vom Vortag, kann man rollen oder zu kleinen Bällchen formen, eventuell würzen, in Paniermehl wenden und frittieren. Diese kusprigen Kroketten als Beilage servieren.

Kekse

... und Kleingebäck bleiben länger frisch und trocknen nicht aus, wenn man sie zusammen mit Apfelspalten in einer gut verschließbaren Dose lagert. Den Apfel regelmäßig austauschen.

Kiwi

... reifen schneller, wenn man sie neben Äpfeln lagert.

... kann man leichter schälen, wenn man sie zuvor vorsichtig zwischen den Händen rollt.

... kann man gut einfrieren: Die reifen Früchte schälen, in Scheiben schneiden, mit Zitronensaft beträufeln, nebeneinander auf ein Tablett legen und etwa 2 Stunden vorfrieren. Dann in einen Gefrierbeutel umfüllen. Die Früchte halten sich etwa 6 Monate.

... kann man pürieren, mit Zucker süßen und einfrieren. Das Püree ist etwa 6 Monate haltbar.

Klöße

... vom Vortag schmecken sehr gut, wenn man sie in Scheiben schneidet, nach Geschmack würzt und in der Pfanne knusprig anbrät – eine tolle Alternative zu Bratkartoffeln.

Klumpiges Salz

... wird wieder streufähig, wenn man es in ein flaches Gefäß gibt und bei mittlerer Wattzahl für einige Minuten in der Mikrowelle trocknet.

... im Salzstreuer lässt sich vermeiden, wenn man es mit einigen Reiskörnern mischt.

Besonders clever!

Größere Mengen ***Getränke*** *kann man in einer mit kaltem Wasser gefüllten Badewanne besonders lange kühlen, wenn man 100–200 g Salz hinzufügt, damit sich das Wasser nicht so schnell erwärmt.*

Knäckebrot

... das weich geworden ist, schmeckt wieder knusprig frisch, wenn man es kurz im Toaster aufbäckt.

Knoblauchzehen

... die in absehbarer Zeit nicht verwendet werden, schälen und in Öl einlegen. Die Zehen bei Bedarf entnehmen und wie gewohnt verarbeiten, das Öl kann man als pikante Würze unter Salatsaucen mischen oder zum Anbraten verwenden.

Kräuter

... z. B. Dill, Koriander, Schnittlauch oder Petersilie, welken sehr schnell, wenn sie nicht sofort verarbeitet werden. Am besten noch ganz frisch hacken, in einem Schraubdeckelglas mit neutralem Speiseöl mischen und im Kühlschrank aufbewahren. Derart konserviert schmecken sie noch einige Tage wie frisch.

... z. B. Kresse, Basilikum oder Estragon kann man mit der dreifachen Menge Butter pürieren und in Eiswürfelbehältern portionsweise einfrieren. Auf diese Weise hat man immer frische Kräuter zum Würzen von Suppen und Saucen zur Hand.

... kann man hacken und einfrieren. Zum Portionieren kleiner Mengen sind leere Überraschungseier-Behältnisse hervorragend geeignet.

... kann man in Eierkartons auf der Fensterbank vorziehen. Diese später auseinander schneiden und die Setzlinge darin in ein Gartenbeet oder einen Balkonkasten pflanzen.

Auf der Fensterbank gezogene Kräuter sollte man nicht düngen, da sie sonst zu schnell wachsen und nicht so viel Aroma entwickeln.

Marzipanreste

... verleihen Kuchen oder Plätzchen ein besonderes Aroma: die trockene Marzipanrohmasse direkt in den rohen Teig reiben.

Besonders clever!

*Oft bleibt nach dem Hacken von **Knoblauch** ein intensiver Geruch am Schneidebrett haften. Damit die ätherischen Stoffe des Knoblauchs beim Hacken nicht freigesetzt werden und ins Brett einziehen, sollte man die geschälten Zehen vorher mit Öl beträufeln.*

Meerrettich

... bleibt mehrere Tage frisch und wird nicht braun, wenn man das frisch geriebene Gemüse mit etwas Salz mischt und in einem Schraubdeckelglas im Kühlschrank aufbewahrt.

Besonders clever!

*Ein Bad in **Milch** macht die Haut besonders zart und geschmeidig. 2 l Milch und 1 Tasse Honig ins Badewasser geben und 20 Minuten darin baden.*

Milch

... in durchsichtigen Glasflaschen sowie Frischmilch generell im Kühlschrank aufbewahren. Tages- oder Kunstlicht zerstört die Vitamine und beeinträchtigt das Aroma.

Möhren

... im Bund halten sich im Kühlschrank 2–3 Tage knackig frisch, wenn man das Blattgrün entfernt. Das Grün entzieht dem Gemüse Feuchtigkeit und lässt es schneller welken.

Nudelreste

... kann man mit gehackter Petersilie mischen und einfrieren. So hat man bei Bedarf schnell eine Suppeneinlage zur Hand.

... kann man mit verquirltem Ei und Schinkenwürfeln mischen, würzen und die Tortilla in der Pfanne braten.

Nüsse und Mandeln

... gehackt, gemahlen oder als ganze Kerne – werden sehr schnell ranzig. Deswegen am besten in der Tiefkühltruhe aufbewahren. So sind sie bis zu 12 Monaten haltbar.

... nach Anbruch der Packung sehr bald aufbrauchen.

... für Kuchenteige und Füllungen sind besonders aromatisch, wenn man ganze Kerne verwendet und erst unmittelbar vor Verwendung frisch mahlt.

Obst

... und Gemüse bleiben schön frisch, wenn man sie in feuchtes Zeitungspapier oder ein angefeuchtetes Geschirrtuch wickelt und im Gemüsefach des Kühlschranks lagert.

Pellkartoffeln

... vom Vortag schmecken wie frisch gekocht, wenn man sie im Eierkocher erwärmt.

Petersilie

... hält sich bis zu 10 Tage frisch, wenn man sie mit Wasser benetzt in einem aufgeblasenen Plastikbeutel im Kühlschrank aufbewahrt.

Pfannkuchenreste

... kann man in feine Streifen schneiden und als Suppeneinlage servieren.

Quark

... trocknet nach Anbruch der Packung nicht aus, wenn man das Unterteil einer handelsüblichen Butterdose darüber stülpt.

Radieschen

... halten sich länger frisch, wenn man die Blätter entfernt und die Radieschen in einem Gefrierbeutel im Gemüsefach des Kühlschranks aufbewahrt.

Reisreste

... kann man in einem Schraubdeckelglas oder in Frischhaltefolie problemlos 5–6 Tage im Kühlschrank aufbewahren. In der Tiefkühltruhe hält sich der gegarte Reis sogar bis zu 8 Monate.

... kann man mit Gemüserohkost oder Tomaten mischen, mit Dressing 1 Stunde ziehen lassen und als leckeren Salat servieren.

... kann man mit verquirltem Ei, Käse und Kräutern mischen und in der Pfanne pikante Küchlein daraus braten.

... schmeckt wie frisch gekocht, wenn man ihn mit 3–5 EL Wasser in einer Pfanne zugedeckt bei kleiner Hitze aufwärmt. Damit er schön locker gart, die Pfanne gelegentlich gut schütteln.

Besonders clever!

***Orangensaftflecken** im Teppich kann man am besten mit Hilfe von saugfähigem Küchenkrepp entfernen. Bleibt dennoch ein Rest zurück hilft es meist, die restlichen Orangensaftspuren mit einem Küchentuch mit Wasser und ein wenig Spülmittel vorsichtig weg zu tupfen.*

Besonders clever!

*Schaler **Sekt** prickelt wieder, wenn man 1 Rosine in die angebrochene Flasche Sekt gibt.*

Rosinen

... einer angebrochenen Packung kann man in ein Schraubdeckelglas füllen, mit Rum bedecken und bei Bedarf entnehmen.

Sahne

... im Becher sollte man im Kühlschrank immer auf dem Kopf stehend aufbewahren. Dadurch entsteht ein Vakuum, und die Sahne hält sich länger.

Salat

... dessen Blätter bereits leicht welk sind, wird wieder knackig, wenn man ihn für 15 Minuten in kaltes, mit Zitronensaft angereichertes Wasser legt.

... dessen Blätter bereits leicht welk sind, wird wieder knackig, wenn man ihn nach dem Abbrausen für 20 Minuten in kaltes Zuckerwasser legt.

Salatgurken

... nie im Kühlschrank lagern und nicht neben Äpfeln lagern, da sie sonst schnell verderben.

Salatreste

... gut waschen, abtropfen lassen und in ein feuchtes Küchentuch einschlagen. Im Gemüsefach des Kühlschranks maximal 1 Tag aufbewahren. Erst unmittelbar vor dem Servieren anmachen.

Sandkuchenreste

... kann man scheibenweise einfrieren und bei Bedarf im Toaster oder im Backofen auftauen. Auf Wunsch noch mit geschlagener Sahne und gemischtem Obst belegen. Auf diese Weise erhält man in Windeseile Gebäck zum Kaffee.

Schinken

Geräucherter Schinken wird durch lange Lagerung oft hart und trocken. So schmeckt er wieder: Vor dem Verzehr 15 Minuten in Milch einlegen und anschließend mit Küchenkrepp trockentupfen.

Besonders clever!

***Salz** kann Kaffee-, Tee- und Rotweinflecken lösen. Die befleckten Textilien sofort in Salzwasser einweichen bzw. die entsprechenden Stellen mit Salz bestreuen und dieses etwas einmassieren.*

Schlagsahnereste

... können die Basis einer feinen Salatcreme bilden: Die ungesüßte Sahne mit 1–2 Eidottern, 1 EL Senf und Zitronensaft glatt rühren. Schmeckt z. B. prima zu Kartoffelsalaten.

... kann man als Tupfer oder Buchstaben auf Alufolie spritzen und einfrieren. So hat man immer Verzierungen für Torten oder Desserts parat.

Schmorfleisch

... das zu lange gekocht wurde, ist eine prima Basis für Fleischsalat: Das Fleisch in Streifen schneiden und mit gehackten Schalotten sowie einem Dressing aus Senf, Olivenöl, Balsamico-Essig, Salz, Pfeffer und frischen Schnittlauchröllchen anmachen.

Schokoladenreste

... kann man gehackt oder gerieben in Kuchen einarbeiten oder raspeln und als Dekoration verwenden.

... kann man zu einem prima Dessert verarbeiten: In einen Gefrierbeutel geben, mit Hilfe eines Nudelholzes grob zerkleinern und in heißer Milch schmelzen. Etwas Zucker und Zimt hinzufügen und die Mischung mit kalt angerührter Speisestärke oder Vanille-Puddingpulver andicken. Erkalten lassen, etwas steif geschlagene Sahne unterheben und als Schokoladencreme servieren.

... kann man zu einer leckeren Dessertsauce verarbeiten: Die Riegel würfeln, bei schwacher Hitze im Topf schmelzen und mit Sahne zu einer glatten Sauce verrühren. Eventuell mit etwas Rum oder Brandy verfeinern. Schmeckt toll auf Eis.

Besonders clever!

***Plastikeinsätze** von Pralinenschachteln kann man prima als Eiswürfelbehälter verwenden. Dies ist bei Sommerpartys besonders praktisch, wenn viele Eiswürfel benötigt werden.*

Senf

... trocknet nicht ein, wenn man etwas Milch mit Salz verquirlt und unterrührt.

... kann man nach Öffnen des Glases im Kühlschrank noch bis zu 12 Monate aufbewahren.

Besonders clever!

***Speiseöl** kann Preisschilder lösen. Einfach die Etiketten mit etwas Öl einreiben, kurz einwirken lassen und mit einem Lappen und warmem Wasser ablösen.*

Speiseöl

... bleibt schön klar und dünnflüssig, wenn man 1 Prise Salz hineingibt.

... kühl und dunkel, aber nicht im Kühlschrank lagern. Sonst flockt es aus.

... bleibt länger frisch und klar, wenn man 1 Stück Würfelzucker in die Flasche gibt.

Speiseeis

... nach Anbruch der Packung immer mit Klarsichtfolie abdecken, bevor man den Deckel wieder aufsetzt und es ins Tiefkühlfach stellt. So kann man verhindern, dass sich ein zäher Belag bildet.

Spinat

... kann man für maximal 3 Tage im Gemüsefach des Kühlschranks aufbewahren, wenn man die Blätter locker in ein angefeuchtetes Küchentuch einschlägt.

Teigreste

... von Hefe- oder Mürbeteig kann man ausrollen, mit kleinen Formen ausstechen und backen. Die Kekse sind in einer gut verschließbaren Dose über längere Zeit haltbar. Auf diese Weise hat man immer prima Dekorationen für Desserts zur Hand.

Tomaten

... die noch nicht ganz reif sind, werden schneller rot und schmecken besonders aromatisch, wenn man sie neben reifen Äpfeln lagert. Reife Tomaten hingegen fern von Äpfeln aufbewahren, damit sie nicht so schnell verderben.

Tomatenmark

... wird bitter, wenn man es nach dem Öffnen noch einige Zeit in der Konservendose aufbewahrt. Reste deswegen immer in ein Schraubdeckelglas umfüllen und kühl lagern. Bald aufbrauchen.

Besonders clever!

*Aneinander klebende **Briefmarken** lassen sich wieder lösen, wenn man sie für mindestens 3 Stunden ins Gefrierfach legt.*

… kann man zum Abschmecken von Joghurt-, Mayonnaise- oder Quarkdips verwenden.

Tortenstücke

… die mit Schlagsahne oder Creme gefüllt bzw. verziert sind, kann man unbeschadet einfrieren, wenn man sie auf einem Teller zunächst etwa 30 Minuten vorfriert und anschließend durch Pergament getrennt in einem stabilen Behälter einfriert.

Vanillepudding

… wird zum cremigen Dessert, wenn man ihn nach dem Abkühlen im Verhältnis 1:1 mit Magerquark und etwas Vanillinzucker verrührt. Verfeinern kann man diese Vanillecreme z. B. noch durch frisches Obst wie gemischte Beeren oder Rumrosinen.

Waffeln

… sind tiefgekühlt etwa 3 Monate haltbar. Die Gebäckstücke durch Pergamentpapier voneinander trennen. Bei Bedarf die tiefgekühlten Waffeln bei 220° etwa 10 Minuten im Backofen oder im Toaster aufbacken.

▶ Waffeln S. 87

Walnüsse

… kann man einfacher aus der Schale lösen, wenn man sie zuvor für etwa 24 Stunden in warmes Wasser legt.

Zitronen

… die bereits angeschnitten sind, trocknen nicht so schnell aus, wenn man sie mit der Schnittfläche nach unten in eine dünn mit Zucker ausgestreute Kaffeetasse legt.

… kann man in Scheiben schneiden und einfrieren. So werden sie nicht trocken und können nicht schimmeln. Die Scheiben eignen sich hervorragend für die Zubereitung oder auch Dekoration von Eistees, Limonaden oder Longdrinks.

... die während der Lagerung trocken geworden sind, werden wieder schön saftig, wenn man sie für etwa 5 Minuten in Wasser kocht, auskühlen lässt und anschließend auspresst.

... sollte man nicht ganz aufschneiden, wenn man nur wenige Tropfen frischen Zitronensaft benötigt. Stattdessen nur einen schmalen Spalt in die Zitrone stechen und den Saft ausdrücken.

Unbehandelte, ganze Zitronen kann man mit Wasser bedeckt in einem Schraubdeckelglas im Kühlschrank bis zu 2 Wochen aufbewahren. Nach dieser speziellen Lagerung geben sie besonders viel Saft.

Zitronensaft kann Obstflecken lösen: Die verschmutzten Stellen der Textilien mit Zitronensaft beträufeln, einwirken lassen und anschließend gründlich auswaschen.

Zuckerklumpen

... die sich durch lange oder feuchte Lagerung gebildet haben, lösen sich wieder, wenn man etwas trockenes Brot in die Vorratsdose legt. Es entzieht die überschüssige Feuchtigkeit.

... kann man mühelos im Blender zerkleinern. Das hat noch den tollen Nebeneffekt, dass gleichzeitig die Schneiden des Mixermessers geschärft werden.

Zwiebeln

... keimen beim Lagern nicht so schnell aus, wenn man den Stielansatz über einer brennenden Kerze ansengt.

... sprießen schnell aus, wenn man ausgetriebene Knollen in einen Blumentopf pflanzt. Diese Triebe können wie Schnittlauch verwendet werden.

Besonders clever!

***Kleidermotten** kann man vertreiben, wenn man 1 Zitrone mit Gewürznelken spickt, und diese in den Schrank hängt. Auch eine Mischung aus Nelken- und Zitronenöl ist sehr hilfreich gegen die Schädlinge.*

Ein Überblick über die wichtigsten Fachausdrücke im »Küchenlatein«

Ablöschen = Angebratenes oder Angedünstetes mit Flüssigkeit angießen.

Abschrecken = Übergießen gekochter oder blanchierter Lebensmittel mit eiskaltem Wasser.

»al dente« = Gemüse oder Nudeln nur so lange kochen, dass sie noch Biss haben.

Anschwitzen = In heißem Fett unter Rühren andünsten (Zwiebeln, Knoblauch) oder erhitzen (Mehl, Gewürze).

Beizen = Einlegen von Fleisch, Geflügel oder Wild in Buttermilch, eine Essig- oder Weinmarinade, um ihr Aroma zu verfeinern.

Binden = Flüssigkeiten durch Einrühren von angerührtem Mehl, Stärke oder anderen Bindemitteln andicken.

Filetieren = Rohes Fleisch oder rohen Fisch von Sehnen bzw. Haut, Gräten und Kopf befreien und in Stücke zerteilen. Zitronen und Orangen aus den Zwischenhäuten trennen und in Segmente zerteilen.

Flambieren = Mit hochprozentigem Alkohol übergießen und anzünden.

Glasieren = Fleisch mit Bratensaft, Gemüse mit Garsaft oder Gebäck mit Glasur überziehen.

Legieren = Flüssigkeit bei Siedetemperatur durch Einrühren von Sahne, Ei oder Butter sämig rühren.

Marinieren = Einlegen von Lebensmitteln in eine Mischung aus Essig, Wein oder Zitronensaft, Gewürzen und Öl. Verfeinert das Aroma und macht Fleisch mürbe.

Mehlschwitze = Basis vieler Saucen: Fett erhitzen, leicht bräunen lassen, Mehl einrühren, ebenfalls bräunen lassen, nach und nach heiße Flüssigkeit hinzufügen und glatt rühren.

Parieren = Fleisch von Haut und Sehnen befreien und »in Form« schneiden.

Passieren = Durch ein feines Sieb streichen.

Pürieren = Rohe oder gegarte Lebensmittel mit Hilfe eines Pürierstabes, Blenders oder einer Presse sehr fein zerkleinern.

Schmelzen = Bei schwacher Hitze verflüssigen.

Spicken = Fleisch oder Fisch mit Gewürzen oder Speckstücken durchziehen bzw. diese in eingeschnittene »Taschen« stecken.

Stocken = Eimasse in Wasserbad oder Pfanne gerinnen lassen.

Tranchieren = Zerlegen und Portionieren von gegartem Fisch, Fleisch oder Geflügel.

Ziehen lassen = Unter dem Siedepunkt langsam garen.

Kochen, Lagern, Lebensmittel – gut zu wissen

Teige, Beläge und Füllungen – gut zu wissen

Besonders clever!

Die Autorin

Michaela Schremmer trug über Jahre hinweg alle Tipps, Tricks und Kniffe zusammen, die ihr das Kochen, Backen und die Hausarbeit erleichtern. Jetzt stellt sie ihre gesammelten Erfahrungen all jenen zur Verfügung, die wie sie trotz Job und Familie in der Küche glänzen wollen. Ihr besonderer Dank gilt der Redakteurin Anne Taeschner, die sie bei ihrem ersten Werk außerordentlich unterstützt hat: Sie trug – nicht nur für alle »Frischlinge« in der Küche – die besonders wissenswerten Basic-Informationen für das Starterpack und die Kapitelaufmacher zusammen.

Danke!

Ein herzliches Dankeschön für die freundliche Unterstützung an die **Silit-Werke** in Riedlingen, die »Küchenhelfer« und Kochgeschirr für die Fotoproduktion der Seiten 7 und 9 zur Verfügung stellten.

Ebenfalls herzlichen Dank für die freundliche Unterstützung an **AEG Hausgeräte** in Nürnberg, die den großen Kühlschrank für das Foto auf Seite 13 zur Verfügung stellten.

© 2002 Gräfe und Unzer Verlag GmbH, München
Alle Rechte vorbehalten. Nachdruck, auch auszugsweise, sowie Verbreitung durch Film, Funk, Fernsehen und Internet durch fotomechanische Wiedergabe, Tonträger und Datenverarbeitungssysteme jeglicher Art nur mit schriftlicher Genehmigung des Verlages.

Redaktionsleitung:
Birgit Rademacker

Redaktion, Text und Lektorat:
Anne Taeschner

Korrektorat:
Mischa Gallé

Herstellung:
Petra Roth

Layout, Typographie & Umschlaggestaltung: Thomas Jankovic

Satz und Layoutrealisierung:
Knipping Werbung GmbH, München

Titelbild:
G.K. & Vikki Hart, Image Bank

Fotos:
Michael Brauner S. 7, 9, 13, 14, 56, 58, 62, 68, 71, 73, 75, 79, 83, 85, 88, 92, 97, 104, 106, 108; Kai Mewes S. 33, 77, 99, 101, 113; Foodfoto Teubner S. 16, 21, 23, 26, 29, 34, 38, 44, 51, 53, 55, 66, 90, 119, 120; Odette Teubner & Andreas Nimptsch S. 40, 46, 110, 116

Reproduktion:
Penta Repro, München

Druck & Bindung:
Kaufmann, Lahr

ISBN 3-7742-2013-1

DAS ORIGINAL · GU · MIT GARANTIE

Das Original mit Garantie

IHRE MEINUNG IST UNS WICHTIG. Deshalb möchten wir Ihre Kritik, gerne aber auch Ihr Lob erfahren, um als führender Ratgeberverlag für Sie noch besser zu werden. Darum: Schreiben Sie uns! Wir freuen uns auf Ihre Post und wünschen Ihnen viel Spaß mit Ihrem GU-Ratgeber.

UNSERE GARANTIE: Sollte ein GU-Ratgeber einmal einen Fehler enthalten, schicken Sie uns bitte das Buch mit einem kleinen Hinweis und der Quittung innerhalb von sechs Monaten nach dem Kauf zurück. Wir tauschen Ihnen den GU-Ratgeber gegen einen anderen zum gleichen oder ähnlichen Thema um.

Ihr Gräfe und Unzer Verlag
Redaktion Kochen
Postfach 86 03 25
81630 München
Fax: 089/41981-113
e-mail: leserservice@graefe-und-unzer.de

Auflage	4.	3.	
Jahr	2005	04	03

GRÄFE UND UNZER

Ein Unternehmen der
GANSKE VERLAGSGRUPPE